Heinrich Josef Vincent

Neues musikalisches System

Die Einheit in der Tonwelt

Heinrich Josef Vincent

Neues musikalisches System
Die Einheit in der Tonwelt

ISBN/EAN: 9783743477933

Hergestellt in Europa, USA, Kanada, Australien, Japan

Cover: Foto ©Thomas Meinert / pixelio.de

Weitere Bücher finden Sie auf **www.hansebooks.com**

NEUES
MUSIKALISCHES SYSTEM.

DIE
EINHEIT IN DER TONWELT.

Ein kurzgefasstes Lehrbuch

für

Musiker und Dilettanten

zum Selbststudium

von

Heinrich Josef Vincent.

LEIPZIG,
Heinrich Matthes
1862.

Vorwort.

Seit längerer Zeit ist man bemüht, unsere Musik theoretisch zu begründen. Noch immer aber müssen wir uns gestehen, dass wir eigentlich kein wahres System haben. Hauptmann in seiner „Harmonik“, Richter in seinem Lehrbuche geben dies zu. Letzterer sagt in der Vorrede zu seinem Lehrbuche Folgendes:

„Es ist nicht zu leugnen, dass sich eine Lücke in der musikalischen Literatur findet, die auszufüllen noch Niemand vollständig gelungen ist.

Alle Versuche derart sind nicht im Stande gewesen, ein wirklich haltbares wissenschaftliches musikalisches System, nach welchem durch **ein** Grundprincip alle Erscheinungen im musikalischen Gebiete als stets nothwendige Folgerungen sich dargestellt finden — zu schaffen. —

Was aber in musikalischen Lehrbüchern von wissenschaftlicher Begründung niedergelegt ist, hat sich bisher nicht bewährt, weil es theils als Benutzung einzelner gelehrter Forschungen eben so wenig im Stande war, ein in sich abgeschlossenes System mit zweifellosen Folgerungen zu schaffen, theils als phantastisches Gebilde aller musikalischen Grundlage entbehrt."

Niemand aber gesteht sich ein, dass mit dem „Generalbass" als Basis eine wahre Begründung unserer Musik unmöglich sei.

Wir haben den alten Standpunkt des Generalbasses verlassen, uns auf einen neuen gestellt, und zu beweisen gesucht, dass eine wahrhafte Begründung unserer Musik nur ohne Generalbass möglich sei.

Der musikalische Galilei fehlt uns noch. —

Wenn wir trotz Galilei im alltäglichen oder poetischen Sprachgebrauche vom „Auf- oder Untergang" der Sonne sprechen, so fällt uns nicht ein, mit dieser „figürlichen" Redensart die Astronomie Lügen strafen zu wollen; allein wir strafen die Natur der Musik Lügen, so lange wir z. B. Namen und Begriff eines Septaccords nicht ebenso „figürlich" nehmen, wir werden mit der Zeit ganz andere Begriffe damit verbinden müssen.

Deshalb ist ein unbedingtes Brechen mit der Anschauungsweise des Generalbasses die nächste Nothwendigkeit für das Wissen in unserer Kunst.

Weiter unten sagt Richter Folgendes:

„Der angehende Musiker hat seine ganze Kraft auf die technische Ausbildung zu richten, weil es ihm Zeit und Mühe genug kosten wird, den Standpunkt zu erreichen, von wo aus er mit grösserer Leichtigkeit der Künstlerschaft entgegengehen kann. Hier gilt es nicht zu fragen „warum", es gilt zunächst das „Wie", es gilt die Nothwendigkeit gewisser Grundsätze aus der Erfahrung, aus den besten Mustern zu begreifen, nicht zu berechnen; später wird es Zeit sein, das „Warum" zu ermitteln etc. etc."

Wir setzen uns gerade die Aufgabe, den Beweis zu führen, dass das erkannte „Warum" uns das „Wie" erst erleichtern werde, denn es führt uns in kürzester Frist und mühelos auf das „Wie", das eigentliche Feld des Kunstschaffens, hin, und zwar auf ein Schaffen mit Bewusstsein.

Wenn wir diese Broschüre der Oeffentlichkeit übergeben, so halten wir das Werk immer noch für eine Skizze, hinreichend wohl zum Verständniss und anregend vielleicht für den Musiker.

Ausser verschiedenen Werken verdanke ich die grösste Anregung und Unterstützung der freundschaftlichen Bereitwilligkeit eines Schülers Tomascheks, dem geachteten Herrn Franz Zenker, Organist und Harmonielehrer in Hermannstadt, dem ich hiemit nur einen kleinen öffentlichen Tribut meiner Dankbarkeit entrichte. Mein einziges etwaiges Verdienst ist die Aufstellung und versuchte Durchführung der drei Momente: „Einheit, Solidarität, absolutes Intervall."

Wien, im August 1861.

Der Verfasser.

Inhalt.

I.

II.

Das System der Einheit.

I.
Der Generalbass
und
DAS SYSTEM DER EINHEIT.
Eine Parallele.

Einleitung.

Vor geraumer Zeit erschien eine Broschüre unter dem Titel:

Kein Generalbass mehr!

Dafür:

Der Geist der Einheit in der musikalischen Progression.

Des Verfassers Absicht scheiterte vielleicht an der gedrängten Kürze und der dadurch theilweise hervorgerufenen Unklarheit.

Es ist die Absicht dieser Broschüre, das Versäumte nachzuholen, und zwar durch „Parallelisirung beider Systeme." Vielleicht kömmt mehr Klarheit in die Sache.

Dass der Verfasser die Absicht haben müsse, nicht allein auf kürzerem Wege praktische Resultate zu erzielen, sondern auch unsere Musik möglichst theoretisch zu begründen, darf man voraussetzen; denn eine Darstellung einer alten Sache ohne neue Anschauung verlohnt nicht der Mühe, und Generalbassschulen und Systeme auf der Basis des Generalbasses haben wir die Fülle.

Der Verfasser hat drei neue Momente aufgestellt, bestimmt, den Generalbass zu ersetzen. Diese drei neuen Momente, die, wenngleich vorhanden in der Natur der Tonwelt, noch nirgend adoptirt worden sind, in jedem seitherigen Lehrbuche fehlen, heissen:

Einheit, Solidarität, absolutes Intervall

1

Auf diesen drei Faktoren beruht zumeist das ganze System, alle Regeln sind nur Ausflüsse, Konsequenzen dieser Dreiheit, die auf der Einheit ruht.

Angesichts der eingeführten Temperatur, die uns die Enharmonik unserer 12 Töne verliehen, eine moderne Errungenschaft gegenüber der alten Musik, dürfte diese Basis der 12tönigen Skala gerechtfertigt sein. Die nämliche Idee vertrit ausser Zamminer, Weitzmann, Opelt u. m. A. P. Peter Singer, der in seinen „metaphysischen Blicken in die Tonwelt" Folgendes sagt:

„Alle diese 12 Tonreiche können nur dadurch bestehen, dass in jedem einige Verstimmung herrscht, so dass selbst der grosse Dreiklang (*dur*) nicht mehr in seiner Urform erscheint, sondern der zweite Ton desselben etwas aus sich herausgetreten sich zeigt; die Realisirung dieses Zirkels, ohne welchen die ganze dermalige Tonkunst zusammenfällt, geschieht nur auf Kosten des zweiten Tones des Dreiklangs durch Mitwirkung des dritten.

Würde man im Dreiklang: *C e g*, den zweiten Ton *e* ganz rein stimmen, so wäre das *e* als Quint zu *A* unbrauchbar, d. h. zu tief, um den Dreiklang *A cis e* erträglich zu machen; um daher das Verhältniss zum *A* (und so fort in der ganzen Peripherie des musikalischen Zirkels) möglichst herzustellen, muss das *E* etwas höher gestimmt werden, und erscheint dann so gleichsam aus sich herausgetreten, um den Nexus mit den übrigen Tonarten zu bewirken.

Was hier vom Ton *E* gesagt wurde, gilt von allen übrigen Terzen (d. h. zweiten Tönen) der Dreiklänge des musikalischen Zirkels. Und obwohl auf diese Art auch die Quint, d. h. der dritte Ton des Dreiklangs, um eine Schwebung tiefer erscheint, so zeigt es sich doch auf einem in allen Tonarten ganz gleich gestimmten Instrumente, dass eigentlich beim Anspielen der verschiedenen Dreiklänge nur der zweite Ton (die Terz) aus sich herausgetreten, und der dritte Ton mehr als mitwirkend erscheint.

Zudem ist jede Quint zugleich auch Terz von einem andern Dreiklang. (Unsere Solidarität!) —

Diese 12 Elementartöne mit den darauf gegründeten Tonreichen erhalten nur dadurch Bestand, dass man sie auf Kosten des reinen Gehörs und der mathematischen Schwingungsberechnungen (die so ganz

verloren gehen) in etwas verstimme. Die so nahe liegende Verbindung des *A moll*-Dreiklangs zu *C dur* würde ohne Temperatur unmöglich sein, da das *e* als Terz von *c* um einen merklichen Bruch differirt
von einem andern *e*, der Quint zu *a*. Durch die Temperatur, durch
den Austritt dieses zweiten Tones wird im Ganzen und allen Theilen
eine vollkommene Einheit hergestellt. Dieses *e* als Terz zu *c* ist das
nämliche, wie die Quint zu *a*, das *gis* ist das nämliche wie *as*, *cis* =
des, *his* = *c* etc. etc. Der Unterschied liegt nur mehr in der Schreib-
art, nicht in der Sache selbst; nur bei dieser Einheit kann die dermalige
Tonkunst bestehen, ohne dieselbe bleiben die schönsten Ton- und Har-
monieverbindungen gesetzwidrig und absolut unerlaubt, da die vollkommene Einheit das erste unabänderliche Naturgesetz der Tonkunst
und eigentlich die Seele derselben ist und sein muss."

Allein die Frage der Temperatur schwebt noch: oder vielmehr,
trotzdem dass sie in der Praxis seit einem Jahrhundert zu Recht besteht,
wird sie doch noch immer von dem theoretisirenden Generalbass ignorirt, höchstens nur so nebenher erwähnt, und so schleppt sich diese
Dissonanz zwischen Theorie und Praxis fort bis in unsere Zeit.

Wenn der Generalbass die Temperatur nur beiläufig erwähnt, sie
theoretisch ignorirt, so rächt sich dies Verfahren; denn der Generalbass
ist theoretisch unhaltbar geworden. *) Es bleibt somit nur der eine
Weg übrig: die Temperatur zu Grunde zu legen, um vielleicht
haltbarere Resultate zu gewinnen, und diese seitherige Dissonanz zwischen Theorie und Praxis zu versöhnen. Dieser Weg dürfte auch
geeignet sein, den Generalbass, diesen alten Erbfeind einer theoretischen
Begründung unserer Musik, zu bändigen, ihn *ad absurdum* zu führen
durch den Beweis, dass er nichts beweist.

Zur Parallelisirung erlaube ich mir, theilweise das Lehrbuch von
Simon Sechter zu Grunde zu legen, eines der akkreditirtesten In-
terpreten des alten Generalbasses: „Die richtige Folge der Grund-
harmonieen, oder vom Fundamentalbasse und dessen
Umkehrungen und Stellvertretern."

---

*) Deshalb die jetzt so häufig vorkommende Beschönigung: „Der General-
bass wolle ja gar keine Harmonielehre sein" (!) Was denn?!?

Es handelt sich darum, die wesentlichen Momente unseres Einheit-systems den Hauptsätzen des Generalbasses gegenüber zu halten, und den schneidenden Kontrast beider Systeme darzuthun.

§ 1.

Sechter's Lehrbuch beginnt mit einer Einleitung folgendermassen:

„Diatonisch fortschreiten heisst nur jene Töne gebrauchen, welche in der gewählten Tonleiter enthalten sind, z. B. in der *C dur*-Tonleiter nur die Töne: *c, d, e, f, g, a, h, c.*"

Schon der Ausdruck: „diatonisch fortschreiten" liesse erwarten, von unserem chromatischen Gesammtmaterial von 12 Tönen unter den bekannten 35 Namen etwas zu hören. Es darf doch wohl die zwölf-tönige Progression, oder die chromatische Scala, die sich ewig gleich ist (nur unter anderen orthographischen Namen) gleich An-fangs Platz greifen, schon als Gegensatz zur diatonischen Skala, auch dürften wir Aufschlüsse erwarten über „Akustik und Temperatur."

„Die Klavier- und Tasteninstrumente zeigen die Tonverhältnisse sichtbar. Die Untertasten allein enthalten die *C dur*-Tonleiter, deren Verhältniss durch die dazwischen liegenden Obertasten näher bestimmt werden kann."

Kennen wir die *C dur*-Tonleiter erst durch das Klavier mit ihren privilegirten historischen Untertasten? Liegt nicht die Skala als älteste musikalische Erfindung (wenn auch nicht vollkommen rein akustisch nachweisbar) schon im menschlichen Ohre?

Das Klavier könnte zufällig chromatisch eingerichtet sein — wohin es mit der Zeit auch noch kommen wird — und wir hätten dann erst eine vollkommene Einheit für jede Scala, sowol in theoretischer als praktischer Hinsicht, so aber zeigt uns die Klaviatur des Pianoforte trotz augenscheinlicher Temperatur nur die alte Tradition des untemperirten Klaviers.

§ 2.

Zur Intervallenlehre.

„Der Abstand eines Tones vom anderen heisst im Allgemeinen ein Intervall."

Wenn alle Intervalle in der Musik aufwärts gezählt werden nach einem natürlich allgemeinen Uebereinkommen, so setzt dies Verfahren einen bestimmten Ton voraus, von welchem aus gezählt werden muss, oder zu welchem die übrigen Töne bestimmte Intervalle bilden. *)

Der Ausgangspunkt für ein Intervall ist unsere Einheit.

Die Annahme, dass C meine Einheit sein soll, von der aus ich zählen will (sowohl diatonisch als chromatisch), lässt uns ein Intervall erkennen, das wir das „absolute" nennen; es sind dies alle übrigen Töne, bezogen auf diese Einheit.

Sobald ich dies Verhältniss ignorire, statt von c von irgend einem Tone zu c hinzähle, so habe ich schon ein neues Intervall geschaffen: „das zufällige." **) So lange C meine Einheit ist, ist d die absolute grosse Sekunde.

Jeder Ton kann in jeder Progression nur einmal da sein, so wie es nur eine Einheit gibt, jeder Ton ist für uns nur als absolutes Intervall von Bedeutung; das zufällige aus einer „Umkehrung" entstandene hat blos formellen Werth, sonst aber ist es uns bedeutungslos.

Es ist unerlässlich, sich den Unterschied zwischen absolutem und zufälligem Intervall klar zu machen; denn der Generalbass kennt keinen Unterschied.

Es herrscht eine Art Widerspruch zwischen diatonischer und chromatischer Scala. Wäre unsere Klaviatur chromatisch eingerichtet, so hätten wir eher ein Bild unserer zwölftönigen Progression, in der jeder Ton zu dem nächsten im Verhältniss einer kleinen Sekunde steht.

Um eine kleine Sekunde zu erhalten, habe ich: 2 zu zählen, bei einer grossen Sekunde: 3, bei einer übermässigen Sekunde: 4 etc.

1. Einheit, Prime, Tonika   (1).
2. Kleine Sekunde   (♭2).
3. Grosse Sekunde   (2).
4. Uebermässige Sekunde ⎱ (♯2).
    Kleine Terz   ⎰ (♭3).

---

*) Es ist ja auch in der Geographie nicht gleichgültig, welches Flussufer ich rechtes oder linkes nenne; abwärts ist die Annahme dafür.

**) Z. B. von c nach d — absolute Sekunde; von d nach c (abwärts) zufällige Sekunde; von d nach c (aufwärts) zufällige Sept.

6

 5. Grosse Terz (3).
 6. Reine Quart (4).
 7. Erhöhte Quart, Falsche Quint $\left(\dfrac{\sharp 4}{5}\right)$.
 8. Reine Quint (5).
 9. Uebermässige Quint, Kleine Sext $\left(\dfrac{\sharp 5}{\flat 6}\right)$.
10. Grosse Sext (6).
11. Kleine Sept (♭7).
12. Grosse Sept (7).

Fig. 1.

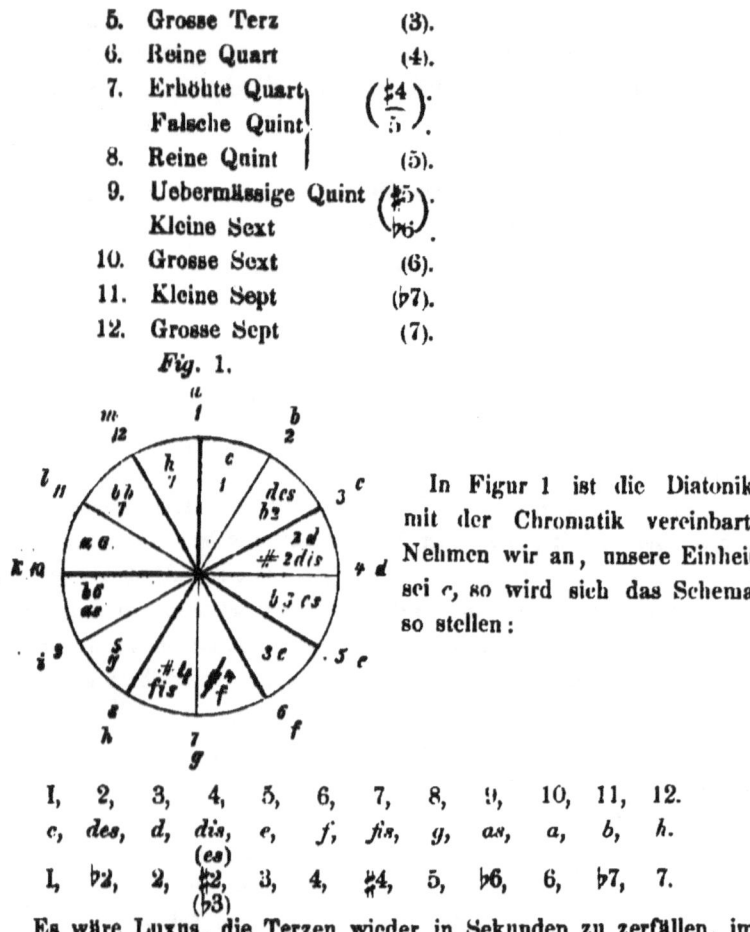

In Figur 1 ist die Diatonik mit der Chromatik vereinbart. Nehmen wir an, unsere Einheit sei *c*, so wird sich das Schema so stellen:

1,	2,	3,	4,	5,	6,	7,	8,	9,	10,	11,	12.
c,	des,	d,	dis, (es)	e,	f,	fis,	g,	as,	a,	b,	h.
1,	♭2,	2,	♯2 (♭3)	3,	4,	♯4,	5,	♭6,	6,	♭7,	7.

Es wäre Luxus, die Terzen wieder in Sekunden zu zerfällen, im Gegentheil ist die Terz weit praktischer zur Bestimmung grösserer Intervalle, wenn ich nicht auf die obige Weise zählen will.

Wenn ich aus der Praxis weiss, dass jede reine Quint zweierlei Terzen enthält, eine grosse und eine kleine, so müssen 2 kleine Terzen eine erhöhte Quart oder falsche Quint, dagegen 2 grosse Terzen eine übermässige Quint oder kleine Sext geben.

Wenn ich zur reinen Quint eine grosse oder kleine Sekund füge, und eine grosse oder kleine Sext erhalte, so bekomme ich eine kleine oder grosse Sept, wenn ich zu dieser reinen Quint eine kleine oder grosse Terz zufüge. Füge ich zur reinen Quint eine Quart, so erhalte ich — die Octave. Daher ist dies Schema ganz natürlich bezüglich der Umkehrung der Intervalle:

I. 2. 3. 4. 5. 6. 7. 8.
8. 7. 6. 5. 4. 3. 2. 1.
_____
9. 9. 9. 9. 9. 9. 9. 9.

Allein es darf nicht missverstanden werden. Was hinauf gezählt z. B. eine grosse Quint ist, ist herab eine Quart (zufällig) oder mit anderen Worten, ich bedarf bis zur Octave noch einer zufälligen Quart.

Mit dem 8. Tone sind wir also wieder angelangt bei der Einheit — ihrer Octave.

Bei welchem Tone wir immer anfangen zu zählen, es werden stets die gleichen Verhältnisse erscheinen.

Für die diatonische Scala von 7 Tönen nehmen wir die bezüglichen Töne heraus.

Jede Scala lässt sich sonach aus dem chromatischen Borne der Urprogression schöpfen. Alle 12 Scalen, *Dur* oder *Moll*, fliessen aus ihr — die absoluten Intervalle werden somit 12mal andere sein nach der 12mal anderen 1. Stufe. Das absolute Intervall ist deshalb stets relativ.

Wir sehen fürs erste, dass der Name dieser 12 Töne nichts zur Sache thut. Ob ich den ersten Ton *c* nenne oder *a*, den 12. *h* oder *m*, kommt auf eins heraus. Es handelt sich vielmehr darum, unser ganzes 12töniges Material, wenn auch unter verschiedenen orthographischen Namen, durch die Temperatur auf unser Schema Fig. 1 zurückzuführen.

Unter Fig. 1 sehen wir zugleich, wie sich die diatonische *Dur*-Scala entwickelt, die stärkeren Linien des Schema bezeichnen sie.

Wir bemerken in *Dur* den chromatischen Fortschritt bei 3—4 und 7—8 (I).

Obschon das Urschema sich gleich bleibt, werden durch das quintenweise Verfahren auf und ab allmälig alle 35 Namen Platz greifen.

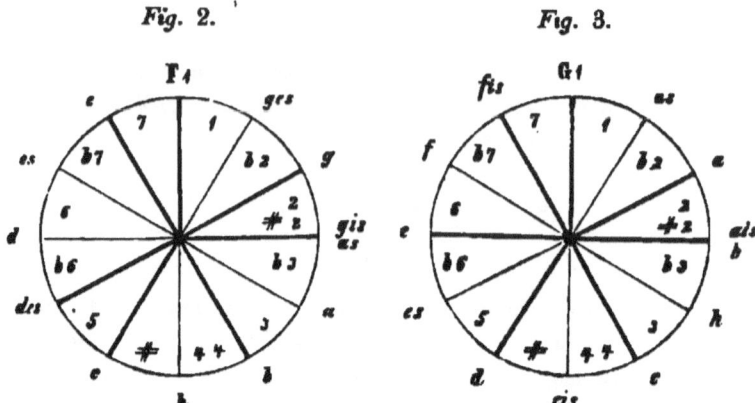

Fig. 2.   *Fig. 3.*

Schauen wir uns die beiden diatonischen Scalen an von *G dur* und *F dur* (Fig. 2, 3), so finden wir gegen die *C*-Scala gehalten auf 4 und 7 die erste Veränderung. *F* I bedarf eines ♭ bei 4 als Vorzeichnung; *G* I eines ♯ bei 7.

Diese beiden Stufen springen uns bedeutsam entgegen; wir werden später darauf zurückkommen.

Im chromatischen Material dagegen begegnen uns 2 neue Namen, in *f* I: *ges* (♭2) und *gis* (♯2) und in *g* I: *ais* (♯2) und *cis* (♯4).

Fahren wir so quintenweis fort, so werden wir immer mehr Namen kennen lernen, die sich im Grunde durch die Temperatur auf das Ur-schema zurückführen lassen. Wäre die Temperatur keine Wahrheit, so müssten wir mit *his* I 12♯, und mit *deses* I 12♭ anwenden.

Bei unserer Anschauung ist das Hinausgehen des Generalbasses über die Octave in seiner Intervallen-Benennung ebenfalls nur unprak-tisch zu nennen. Die Octave ist ja schon eine Zugabe als wieder-kehrende Einheit; somit sind Namen wie: Non, Dez, Undez, Duodez, Tredez, Quatuordez, Quindez nur Luxus, ohne praktisch-theoretischen Zweck.

In der *C*-Scala gibt es somit nur e i n e a b s o l u t e grosse Sekund *d*, alle andern sind z u f ä l l i g wie: *de*, $\widehat{ef}$, *fg*, *ga*, *ah*, $\widehat{hc}$ (darunter 2 kleine); somit auch nur e i n e a b s o l u t e grosse Terz *e*, alle ande-ren sind zufällig, etc. etc.

Alle zufälligen Intervalle waren einmal schon als absolute da, z. B.

die zufällige kleine Sept *dc*, als absolute grosse Sekund *cd*; die zufällige Quart *gc* als absolute Quint *cg* etc. etc.

Aus dem Gesagten dürfte bereits erhellen, dass das absolute Intervall es ist, was in die Wagschaale fällt, es ist die erste Konsequenz, die aus unserer Einheit fliesst, sein Festhalten wird uns aber noch gar manches bieten, was im Verlaufe unserer Darstellung immer klarer werden soll.

§ 3.

Stammaccorde.

„Es gibt zweierlei Stammaccorde, die Dreiklänge und die Septaccorde, deren jeder umgekehrt werden kann."

Der Generalbass charakterisirt jede Stufe nach dem auf der bezüglichen Stufe der *C*-Scala möglichen Dreiklang. Statt 3 Hauptkategorien aufzustellen: hart, weich, klein (vermindert falsch) und zu charakterisiren als wesentlich von einander verschieden, wird umgekehrt verfahren. Erst muss doch der harte Dreiklang charakterisirt werden, ehe ich sagen kann, wo er in *Cdur* möglich ist.

Wenn es aber in *C* I nur eine absolute grosse Terz, nur eine absolute reine Quint geben kann, so existirt auch nur ein harter Dreiklang in *C* I, und zwar auf I auf der ersten Stufe. Mit anderen Worten: jede Einheit kann nur *dur* oder *moll* sein. Die harten Dreiklänge anderer Stufen, auf IV und V z. B., sind doch nur zufälliger Natur, somit der Einheit *C* untergeordnet, denn, wenn auch analog gebildet, bestehen sie aus absolut anderen Intervallen der *C*-Progression oder *C*-Scala. Die Terzen *fa* und *gh* sind ja, obzwar grosse, doch zufällige für *C* I; so auch die reinen Quinten *fc* und *gd*; denn sie bestehen aus absoluten Intervallen von *C* I; *f* ist IV.

$$a - 6 \text{ von } C\, \text{I.}$$
$$g - \text{V.}$$
$$h - 7.$$
$$d - 2 -$$

Deshalb sagen wir: „Nicht die Separatverhältnisse der Töne eines Accordes unter sich zählen, sondern das absolute Verhältniss jedes einzelnen Tones zu seiner **gedachten** Einheit."

Deshalb sind Umkehrungen nur formeller Natur, die das Wesen eines Intervalls zu der gedachten Einheit nicht aufheben.

Deshalb existiren für uns keine Namen, wie: Septaccord., Quartsextaccord, da die äussere zufällige Form das Wesen eines Accords nicht aufhebt.

Sobald ich den harten Dreiklang c, e, g denke, so bleibt

$$c = 1$$
$$e = 3$$
$$g = 5$$

in allen Umkehrungen oder Lagen; die Lagen $e\ g\ c$ oder $g\ c\ e$ sind blos formeller, äusserer, zufälliger Natur. *) Aehnlich ist es mit allen sogenannten Septaccorden und deren Umkehrungen.

Unsere Behauptung: „Namen und Zahlen des Generalbasses, als auf die Zufälligkeit gegründet, beweisen nichts", dürfte bereits klar sein, und soll im Verlauf dieser Abhandlung noch klarer gemacht werden.

§ 4.

Konsonanzen — Dissonanzen.

„Konsonanzen (Wohlklänge) entwickeln sich aus dem *Dur-* und *Moll*-Dreiklange und deren Umkehrungen."

Im *Dur*-Dreiklange ist eine grosse Terz und reine Quint, seine Umkehrung ist die kleine Terz und kleine Sext; seine zweite Umkehrung reine Quart und grosse Sept. (Analog wird der *Moll*-Dreiklang zergliedert.)

„Also sind gegen den Grundton einzeln genommen folgende Konsonanzen:

3, ♭3, 4, 5, ♭6, 6, 8 —"

In diesen 7 Konsonanzen des Generalbasses finden wir das absolute und zufällige Intervall vermischt.

---

*) Sage ich z. B. $c\ d\ e\ f\ g$, $d\ e\ f\ g\ a$, $e\ f\ g\ a\ h$, so bin ich
1. 2. 3. 4. 5, 2. 3. 4. 5. 6, 3. 4. 5. 6. 7.
natürlicher verfahren, als wenn ich sage:
$c\ d\ e\ f\ g$, $d\ e\ f\ g\ a$, $e\ f\ g\ a\ h$.
1. 2. 3. 4. 5, 1. 2. 3. 4. 5, 1. 2. 3. 4. 5.

Grundton ist dem Generalbass der zufällig unten stehende Ton.

Wir sagen dagegen: Grosse oder kleine Terz, sowie reine Quint konsoniren zu I.

Dagegen haben wir zwei unvollkommene Konsonanzen: 2 und 6, und zwei Neutra: 4 und ♭7, und zwar als absolute Intervalle in ihrer Beziehung zur Einheit, somit in $C\,I$:

$$
\left.\begin{array}{ll}
2, & 6, \\
d, & a,
\end{array}\right\} \text{unvollkommene Konsonanzen.}
$$

$$
\left.\begin{array}{ll}
4, & ♭7, \\
f, & b,
\end{array}\right\} \text{Neutra.}
$$

Die nähere Begründung später.

. . . —

„Die Dissonanzen (Uebelklänge) zeigen sich bei dem falschen Dreiklange und dessen Umkehrungen. Beim falschen Dreiklang ($h\;d\;f$) ist die falsche Quinte die Dissonanz (f); bei der ersten Umkehrung die Terz (f); bei der zweiten Umkehrung der Basston (f). Darum sind bei dem Septaccorde der VII. Stufe zwei Dissonanzen, nämlich:

1. $h\;d\;f\;a$ falsche 5 und 7 ($f\;a$).
2. $d\;f\;a\;h$, Terz und 5, ($f\;a$).
3. $f\;a\;h\;d$, Bass und Terz ($f\;a$).
4. $a\;h\;d\;f$, Bass und Sept ($f\;a$).

Der Generalbass ist schon halb und halb auf dem Wege zum absoluten Intervall in seiner Verfolgung der dissonirenden falschen Quint und Sept; unter welcher Maske immer sich diese bergen, er weiss sie zu finden; schade, dass er von falschen Voraussetzungen ausgeht. Zu was diese Anstrengung?! Man unterscheide nur zwischen absolutem und zufälligem Intervall.

Uns dagegen ist in diesen beiden Accorden h als Hauptleiteton zu $C\,I$ eine Dissonanz. Warum dem Generalbass dieses *subsemitonium modi*, diese *nota sensibilis*, dieser ungestüm nach $C\,I$ drängende Ton etwa eine Konsonanz sein sollte, ist uns unbegreiflich. Freilich, ihm ist ja im Septaccord $g\;h\;d\;f\;h$ als grosse Terz von g eine Konsonanz, darum wol auch in diesen beiden Accorden.

So lange ich in $C\,I$ sein will, wird dieses h als grosse Sept in allen Accordcombinationen eine Dissonanz sein, es mag alle möglichen sonstigen Separatverhältnisse zu andern Tönen eingehen, es mag unserem Ohre noch so konsonant dünken, es hat die Bestimmung, aufwärts zu schreiten in seine Tonika, nach I, und zwar als Hauptdissonanz, als Hauptleiteton. *)

Die Namen: Wohl- und Uebelklänge sind längst obsolet.

Nach unserer Idee dissonirt allerdings der kleine Dreiklang: *h d f*, als er auf dieser VII. Stufe ruht, die nach *C* I strebt. Wollte ich auf *C* I den kleinen Dreiklang bilden, so würde er immerhin dissoniren, obschon dagegen *C* I mehr ist als Konsonanz; wir werden sagen müssen, dass in dem falschen oder kleinen Dreiklang auf *C* I

$$C \ dis \ fis = C \ e \ g \ (c \ es \ g)$$
$$\text{I.} \ \sharp 2. \ \sharp 4. \quad \text{I. 3. 5.} \quad \text{I.} \ \flat 3. \ 5$$

die beiden Töne *dis* und *fis* dissoniren müssen, sie haben das Bestreben, nach der Einheit *dur* oder *moll* zu schreiten. Wir werden später darauf zurückkommen.

§ 5.

„Der wichtigste Accord ist der Dreiklang auf der ersten Stufe, weil auf denselben alles Uebrige bezogen werden muss und Alles mit ihm geendet werden kann, sowie auch dieser Accord am besten und natürlichsten am Anfange vorkommt."

Die Wahrheit dieses Satzes unterschreiben wir gern; wir beziehen „alles Uebrige" auf unsere Einheit, sie ist uns Alpha und Omega.

Der Generalbass dagegen wird diesem eben ausgesprochenen Grundsatz untreu durch Ignorirung des absoluten Intervalls, des ersten Ergebnisses dieser Einheit.

„Der an Wichtigkeit nächste ist der Dreiklang und Septaccord der V. Stufe, weil er unmittelbar zur Tonica zurückführt, und darum als vorletzter Accord vorkommt."

Das „Warum" dieses Erfahrungssatzes, das der Generalbass verschweigt, dürfte in der beiden Hauptstufen gemeinsamen Quint, ihrem Einigungstone, zu suchen sein, sowie in dem Leiteton der VII. Stufe, wenn auch als zufällige Terz zunächst auftretend.

---

*) Dehn in seinem Lehrbuche weist dieser VII. Stufe eine bedeutende Rolle zu; schade, dass er nicht das absolute Intervall und dessen grosse Konsequenzen erfasst hat.

„Der Dreiklang der IV. Stufe ist der dritte der wichtigen Accorde, weil man auch von ihm zum Dreiklang der Tonica zurückg eben kann."

Das „Warum" dürfte auch hier in dem Einigungstoue zu finden sein, dass die Einheit hier als zufällige Quint auftritt. Ausserdem ist unser ganzes diatonisches Material in diesen drei Hauptstufen: I, IV, V vertreten.

Die Aufgabe eines Systems ist: alle Konsequenzen zu ver folgen und zu befolgen. Unser absolutes Intervall macht uns die Sache leicht, während die Zufälligkeit des Intervalls das alte Erbübel ist, über das der Generalbass nicht hinauskommen kann. So fällt es ihm schwer, die noch übrigen fünf enharmonischen Töne *a priori* aufzunehmen oder anzuerkennen, weil sie dem engen Begriffe der absolutistischen 7tönigen diatonischen Scala zu widersprechen scheinen.

Während die Praxis die Möglichkeit der Verwendung unserer 12tönigen Masse tagtäglich bewahrheitet und unser System rechtfertigt, sucht der Generalbass die Erlaubniss zu sogenannten „leiterfremden Tönen" durch Verwandtschaftsnachweis herzustellen. Ich brauche nicht aber erst auszuleihen, was ich als Eigenthum im Hause habe.

Diese 12 Töne sind solidarisches Gemeingut, und ich kann theoretisch diese ganze 12tönige Masse *a priori* in Beschlag nehmen, was die Praxis längst thut, ich kann keck hineingreifen in mein Eigenthum und brauche nicht erst darum zu bitten.

Während also der Generalbass nicht einmal den Hauptleiteton, die VII, als Dissonanz zu fassen weiss, erhalten wir ausser ihm noch folgende Dissonanzen. (Wir werden die Dissonanzen durch +, die Neutra durch × bezeichnen.)

$$\text{` } h \quad des \quad dis \quad fis \quad as.$$
$$+ \quad + \quad + \quad + \quad +$$

Unsere Konsonanzen *e* und *g* sind ebenso mit Leitetönen versehen, wie unsere Einheit *C.*

Neutrum ist uns ein Ton, der bald als schwache Dissonanz auftritt, bald als verdoppelbare Konsonanz. *)

Dissonanzen sind auf- oder abwärts strebende Leitetöne.

---

*) Während eine Dissonanz entweder auf- oder abwärts schreitet, kann das Neutrum auf- und abwärts gehen.

§ 6.

Schlussfälle.

Nach wenig motivirten „Terzverbindungen hinab" kommen wir zu den Schlussfällen. „Der Schritt vom Septaccord der V. Stufe zum Dreiklang der I. Stufe wird Schlussfall genannt, und ist der wichtigste unter den musikalischen Schritten, welcher vielen andern zum Muster dient.

Diejenige Stimme, welche die Octave hat, bleibt als Quinte des Dreiklangs der I. Stufe, ist also das harmonische Bindungsmittel für beide Accorde.

Die übrigen Stimmen machen die bekannten melodischen Gänge, dass die Septe eine Stufe fällt und Terz wird, dass die Terz eine Stufe steigt und Octav wird" etc. etc.

Zu was diese Umwege? Der Gedanke, dass C meine Einheit sein soll, lässt mich ja schon von vornherein

$$\begin{array}{cccc} g & h & d & f \end{array}$$

als V 7 2 4 in C I erkennen vermöge der absoluten Verhältnisse jedes einzelnen Tones zu der gedachten Einheit. Das Formelle dieses Vierklangs, ob ich ihn nenne: $g\ h\ d\ f$, $h\ d\ f\ g$, $d\ f\ g\ h$, $f\ g\ h\ d$ ändert nichts an dem Wesen jedes einzelnen Tones.

Wir stehen an dem Hauptdifferenzpunkte.

Der Generalbass benennt und beziffert diesen Hauptvierklang nach der Zufälligkeit des Basstones. Ihm ist die Quint g bald Bass (I), bald Sext, bald Quart, bald Sekund, bald Kon- bald Dissonanz, uns bleibt dieser Ton für C I die absolute Quinte, eine Konsonanz, er mag zu den übrigen Tönen welch Intervall immer bilden, das zufällige Intervall ist ja von keinem Belange.

Analog ist es auch mit den übrigen drei Tönen dieses Vierklangs. So ist uns h als VII. Leiteton, Dissonanz, ob es auch bald eine zufällige Terz, bald Bass (1), bald Sept, bald falsche Quint zu dem jeweiligen Basstone ausmacht; so ist *d* die Sekunde von *C* I, ob es auch bald Quinte, bald kleine Terz, bald Bass (1), bald/~~sugs~~ bildet; so ist *f Sext* *f* die IV. Stufe von *C* I, ob es auch bald eine kleine Sept, bald falsche Quint, bald kleine Terz, bald Bass (1) bildet, denn die Separatverhältnisse*) dieser vier Töne unter sich zählen nicht, sondern nur die Beziehung jedes einzelnen Tones auf die gedachte Einheit.

Obschon formell oder zufällig verschieden, ist das absolute Intervall von der gedachten Einheit sich stets gleich. Wir sagen: Namen und Zahlen des Generalbasses, als auf die Zufälligkeit basirt, beweisen nichts, während aus unserer Einheit der Schritt des absoluten Intervalls naturgemäss hervorgeht.

---

§ 7.

Solidarität.

Wenn der Generalbass behauptet, dass z. B. „der Dreiklang der I. Stufe in *C dur* auf der IV. Stufe in *G dur* vorkommen müsse, so ist er auf dem Wege zur Solidarität, zur Einheit, zum absoluten Intervall, ohne es zu wissen. Wenn ich dies behaupte, so sage ich nur damit, dass *C* die absolute IV von *G* I ist. Zugleich mit *C* IV muss aber auch *e g* = *G* I werden.

Wir sehen ja, dass kein Accord sich isolirt, einer dient dem andern, jeder hat gleiche Rechte, gleiche Pflichten; ein Prototyp unserer moralisch socialen, naturrechtlichen Ordnung finden wir ausgeprägt im idealen Reiche der Harmonie. — Sobald ich den Dreiklang *c e g* denke, so kommt es auf meinen Willen an, ob ich ihn als *C* I oder für *C* I denken will oder nicht; denn er gehört nicht allein nach *C dur*, sondern ebenso gut nach anderen Tonarten. Allein nur einmal kann dieser Dreiklang 1 3 5 sein, nämlich in *C* I, überall sonst wird diese Form eine zufällige sein, z. B:

---

*) Wem fallen nicht unsere politischen Separatgelüste ein, die sich leider auch nicht auf die deutsche Einheit beziehen —?

$$
\begin{array}{ccccc}
C & e & g & = & C\;\mathrm{I} \\
\mathrm{I} & 3 & 5 & & \\
C & e & g & = & G\;\mathrm{I} \\
\mathrm{IV} & 6 & \mathrm{I} & & \\
C & e & g & = & F\;\mathrm{I} \\
\mathrm{V} & 7 & 2. & &
\end{array}
$$

Mit den Worten des Generalbasses kömmt der Dreiklang der I. Stufe in *Cdur*, auf der IV. in *g* und auf der V. in *f* vor.

Wir sagen: in *G* I kann *C* nur IV, in *F* I nur V sein. So gut in den beiden Fällen die frühere Einheit *C* sich ändert, ebenso auch die mit ihr erscheinenden Töne: *e g.* Obwol der Form nach gleich, ist die Wesenheit verschieden. Mit einer neuen Einheit entstehen neue absolute Intervalle.

Wenn nun *C* in diesen beiden Fällen IV und V wird als frühere Einheit, so ist ebenso gut *e* und *g* berufen zur Einheit, oder als eine der Hauptstufen I, IV, V, und zwar vermöge der Solidarität. Verfahren wir nach dieser Norm, so werden allsogleich die sieben verschiedenen Stufen der diatonischen Scala zum Vorschein kommen.

$$
\begin{array}{ccccccc}
C & e & g & = & C\;\mathrm{I} & & \\
\mathrm{I} & 3 & 5 & & & & \\
c & E & g & = & e\;\mathrm{I}\,(h & E & g) \\
\flat6 & \mathrm{I} & \flat3 & & 5 & \mathrm{I} & \flat3 \\
+ & & & & & & \\
c & e & g & = & G\;\mathrm{I}\,(h & d & G) \\
\mathrm{IV} & 6 & \mathrm{I} & & 3 & 5 & \mathrm{I} \\
c & e\,. & g & = & a\;\mathrm{I}\,(c & e & A) \\
\flat3 & \mathrm{V} & \flat7 & & \flat3 & \mathrm{V} & \mathrm{I} \\
& & \times & & & & \\
c & e & g & = & F\;\mathrm{I}\,(c & F & a) \\
\mathrm{V} & 7 & 2 & & \mathrm{V} & \mathrm{I} & 3 \\
& + . & & & & &
\end{array}
$$

$$
\begin{array}{cccccccccc}
c & e & g & = & h\;\mathrm{I}\,(h & d & f) & (h & dis & fis) \\
\flat2 & \mathrm{IV} & \flat6 & & \mathrm{I} & \flat3 & 5 & :\mathrm{I} & 3 & 5 \\
c & e & g & = & d\;\mathrm{I}\,(d & f & a) & & & \\
\flat7 & 2 & \mathrm{IV} & & \mathrm{I} & \flat3 & 5 & & &
\end{array}
$$

Diese Gruppe von drei Tönen ist nur einmal wirklich I 3 5; in sechs Fällen dagegen ist dies Verhältniss ein **zufälliges**, wo ers die betreffende Einheit erfolgen muss. Diese Gruppe muss überhaup 11mal eine absolut andere sein, während das äussere Verhältniss sich gleich bleiben wird.

Für's Erste lassen sich aus der Solidarität die Schritte unserer absoluten Intervalle nachweisen.

Wir sehen den Schritt von ♭6 und 6 nach 5 oder I;

$$+$$

von ♭7 nach I;

$$\times$$

von 7 nach I;

$$+$$

von 4 nach 5 oder 3;

$$\times$$

von ♭2 nach I;

$$+$$

von 2 nach I oder 3;

Einheit und Solidarität erzeugen sonach das absolute Intervall und seine Schritte, zugleich erstehen uns stets neue Kon- und Dissonanzen.

Die Solidarität schafft uns stets neue Einheiten und somit neue absolute Intervalle, neue Schritte und neue Eigenschaften, obzwar dieser harte Dreiklang als konsonirend gilt.

Wir können deshalb unterscheiden zwischen wirklichen und Scheinkonsonanzen.

Wenn diese drei Töne unter sich konsoniren, so thun sie dies nur in dem Falle dass wir in *C* I sind, in allen übrigen Fällen werden diese drei Töne nur Schein - oder Ohrenkonsonanten sein, da ihre verschiedenartige Beziehung auf verschiedene Einheiten diesen drei Tönen stets andere Eigenschaften verleihen muss.

Wenn wir die ursprüngliche Terz oder Quint eines harten Dreiklangs als IV betrachten, so sehen wir „verbotene Quinten" entstehen, ein Fehler der äussern Form, der corrigirt werden muss, da solche „zufällige" Quinten in gerader Bewegung uns anstössig klingen. Wir wählen nur die zweite Lage oder erste Umkehrung, und der Fehler ist corrigirt, ohne dass jedoch an unserem Grundsatze etwas geändert wird. Wir setzen nur

2

```
        c   e   g  =  (h   d   f)          e   g   c  =  d  f  h
statt: ♭2  IV ♭6       I  ♭3   5 jetzt:  IV ♭6 ♭2    ♭3 5  1
       +   × +                            × +  +
        oder (!) h  dis  fis                      dis fis h
                 I    3   5                         3   5  I

        c   e   g  =  (d   f   a)          e   g   c  =  f  a  d
statt: ♭7  2  IV       I  ♭3   5(!) jetzt: 2 IV ♭7    ♭3 5  I
       ×      ×                             ×  ×
        c   e   g  =  des  f   as (!)       e   g   c  =  f  as  des
        7  ♯2 ♮IV       I   3   5          ♮2 ♮IV 7     3   5   I
       +  +  +                             +  +
```

Zwar ist heutzutage die Quintenmonomanie so ziemlich geschwun-
den, nur der echte Generalbassist wird um einer Quinte willen ein
ganzes Tonstück für schlecht erklären. *)

Mit unseren drei Momenten sind wir im Stande, den organischen
Prozess nachzuweisen, der bei der sogenannten Modulation, bei Ueber-
gängen von einer Tonart in die andere vorgeht, während uns der Generalbass mit der „Verwandtschaft" abfertigt. Wir hatten zunächst
nur die diatonische Scala im Auge; allein, wenn wir chromatisch zu
Werke gehen, von *C* I nach *H* I oder *Des* I gehen, was ganz gewöhn-
liche Gänge sind, da dürfte die Verwandtschaft uns im Stiche lassen.

Wir haben in den letzten Beispielen bemerkt, dass IV und ♯IV
die Hauptrolle spielt, während zugleich die beiden anderen Töne absolut andere Intervalle werden.

─────────

§ 8.
Ueber musikalische Orthographie.

Aus der Orthographie leitet der Generalbass Namen und Stufen
ab, während bekanntlich jede Tonart ihre eigene Orthographie bedingt.
Angesichts unserer Temperatur dürfte eine strenge Orthographie unmöglich durchzuführen sein, zumal bei schnellen Modulationen.

Der Generalbass ruft abermals die ganze Verwandtschaft zusammen, um diesen oder jenen Accord zu rechtfertigen. Gelegentlich der
Septnonaccorde spricht Sechter also:

„In *Cmoll* heisst die Dominante *G*, deren grosse Terz *h*, deren
reine Quint *d*, deren kleine Sept *f*, deren kleine Non *as*, ohne Fundament erscheint also der Accord *h d f as*. — In *Amoll* heisst die Do-

─────────

*) Wir haben mit dem „!"-Zeichen den verbotenen Quintenfortschritt angezeigt.

minante *E*, deren grosse Terz *gis*, deren reine Quinte *h*, deren kleine
Septe *d*, deren kleine None *f*, ohne Fundament erscheint der Accord
gis h d f."

Die nämliche Manipulation stellt er an für *Fismoll*, *Dis-* und *Esmoll*,
um die orthographisch-richtigen Klänge:

> für *Fismoll*: *eis*, *gis*, *h*, *cisis*,
> für *Dismoll*: *cisis*, *eis*, *gis*, *h*,
> für *Esmoll*: *d*, *f*, *as*, *ces* zu erhalten.

Alle diese Deductionen, so scharfsinnig sie scheinen, entbehren der
natürlich einfachen Basis, des **absoluten Intervalls**.

Generalbass: Einheitsystem:

(G) *h*	*d*	*f*	*as*	= *C* I	(G) *h*	*d*	*f*	*as*	= *C* I
(I) 3	5	7	9		(V) 7	2	4	♭6	
(E) *gis*	*h*	*d*	*f*	= *A* I	(E) *gis*	*h*	*d*	*f*	= *A* I
(I) 3	5	7	9		(V) 7	2	4	♭6.	

Dieser Septnonaccord mit hinweggelassener Basis, vulgo verminderter Septaccord, von uns Quadrat genannt, der Zankapfel aller Zei-
ten hinsichtlich seines Namens, seiner Entstehung, Ableitung, Orthographie, diese Chamäleonnatur beweist so recht eigentlich das Fatale
unserer Orthographie. Wie viel Fehler macht selbst Mozart dagegen!
— Allein der Fortschritt dieses Accordes, seine Auflösung, liegt in der
gedachten Einheit, nicht in der Orthographie. Die Orthographie dient
zunächst unserm Auge nur als Anhaltepunkt, die Hauptsache jedoch
ist die gedachte Einheit mit ihren absolut anderen Intervallen.

Der Generalbass muss nach *Cmoll* gehen, um sich *h d f as* auszuleihen (obschon *h d f* auf VII in *Cdur* zu Hause ist), nach *Amoll*,
um *gis h d f* zu erhalten, während wir sagen: **Dieses Quadrat ist
sogleich für alle 12 Tonarten da.**

Die Orthographie ist **Folge** der gedachten Einheit, das Agens ist
mein Wille, als was ich diesen Vierklang fassen will. Bin ich in *Amoll*
und denke mir ihn auf der VII. Stufe, auf dem charakteristischen Leite-
tone dieser Tonart, so wird er laut Orthographie von *Amoll* heissen

	gis	*h*	*d*	*f*
	7	2	4	♭6
von *C moll*:	*as*	*h*	*d*	*f*
	♭6	7	2	4.

Unsere Solidarität macht es erklärlich, dass dieser Vierklang nicht allein für *A moll* und *C moll* auf der Welt ist, er existirt für alle 12 Einheiten; allein bei äusserer zufällig gleicher Form unter 12 mal absolut anderen Verhältnissen.

Nicht weil der Accord verschieden geschrieben wird, bin ich da oder dort — dem Klange nach ist er ja gleich —, sondern aus der gedachten Einheit fliesst erst die bezügliche Orthographie.

Den Generalbass commandirt stets die Materie, der er folgen muss, während wir die Materie beherrschen, die uns folgt. Auch brauchen wir nicht erst einen Vierklang aus einem Fünfklang zu erklären, sondern umgekehrt kann es geschehen, indem ich zur gedachten Einheit die bezügliche V. Stufe mit erscheinen lasse, wie wir oben angezeigt.

Wir wollen versuchen, das Quadrat *h d f as* nach acht Einheiten aufzulösen, einmal mit, das andere Mal ohne die bezügliche Orthographie.

h	*d*	*f*	*as*	= *C* I	*dur*
7	2	4	♭6		*oder*
+		+			*moll.*
d	*f*	*as*	*ces*	= *Es* I.	
f	*as*	*ces*	*eses*	= *Ges* I.	
eis	*gis*	*h*	*d*	= *Fis* I.	
gis	*h*	*d*	*f*	= *A* I.	
I	♯2	♯4	6		
	+	+			
H	*cisis*	*eis*	*gis*	= *H* I.	
D	*eis*	*gis*	*h*	= *D* I. (*dur*)	
F	*gis*	*h*	*d*	= *F* I.	
As	*h*	*d*	*f*	= *As* I.	
I	♭3	♯4	6		
		+			
H	*d*	*eis*	*gis*	= *H* I.	
D	*f*	*gis*	*h*	= *D* I. (*moll*)	
F	*as*	*h*	*d*	= *F* I.	
As	*ces*	*d*	*f*	= *As* I.	

Die verschiedene Orthographie lässt sich in raschen Modulationen erklären; es wäre höchst pedantisch, darüber zu streiten, dass *F dur* die Orthograpie laut (*s*) sein müsse, nicht aber laut (*m*) — und doch wie oft begegnen wir nicht selbst bei Mozart dieser Orthographie. Manche treiben die Orthographie ins Extrem, wie bei *Gis* I, während dieselbe wie bei (*z*) genügen dürfte.

Jeder dieser vier Töne dieses Quadrats zeigt uns 8 Mal andere absolute Verhältnisse, obschon je zwei unter sich stets im Verhältniss einer zufälligen falschen Quinte stehen; nur einmal ist dies Verhältniss ein absolutes, z. B. *h eis*

$$\text{I} \quad {}^{\natural 4}_{\sharp}$$

d gis

f h

as d.

Aehnliche Manipulationen stellt der Generalbass an, um die beiden anderen Quadrate: *dis fis a c, cis e g b* zu erhalten, was uns jedoch keine Schwierigkeiten macht.

§ 9.

Fortsetzung.

Der Generalbass spricht von Zwitter-Septnonaccorden (Sechter § 7) oder übermässigen Septaccorden:

„Ein weiteres Mittel geben die Zwitter-Septnonaccorde, welche eine grosse Terz, falsche Quint, kleine Sept und kleine Non haben, und welche ohne Fundament gehört gerade wie eine Dominantseptharmonie klingen."

Um also den Schritt eines Vierklanges *f a c dis*, welcher klingt wie *f a c es* (Septharmonie von *B dur*) zu erklären, muss ich folgendermassen experimentiren:

Ich stelle mir vor: *H dis f a c*

(I) 3 5 7 9.

Dieser kommt vor, wenn ich in *A moll* bleiben will, auf der II. Stufe von *A;* nun aber muss ich ausdrücklich die falsche Quint *f* zum Fundament machen (warum?).

Wir betrachten solidarisch nur die zufällige Terz *a* als I, ob der Accord geschrieben ist: *f a c es* oder *f a c dis*. Die gedachte Einheit dictirt erst die Orthographie.

Wir sind mit dem ersten Vierklange nach *A moll* und *A dur* gegangen bei verschiedener Orthographie, ebenso nach *B* I und auch nach *E* I mit verbotenen und neuester Zeit erlaubten Quinten.

Zu besserer Deutlichkeit haben wir das Beispiel mit dem Septaccord von *C dur* wiederholt, sind nach *H* I *dur* und *moll* gegangen bei verschiedener Orthographie. Ist die unter (*n*) schlechter als unter (*m*)? Wir haben nur immer die zufällige Terz dieses Vierklangs oder den Leiteton von *C* I zu unserer Einheit erhoben; demgemäss wurden die Intervalle absolut andere von *H* I als von *C* I.

Allein bei anderen absoluten Intervallen entstehen andere Kon- und Dissonanzen. Wenn *f* als ♭6 von *a* I dissonirt und als solches nach *e* (V) schreiten muss, so ist es in *B* I als V eine Konsonanz; während *a* als VII. Leiteton nach *B* I eine Dissonanz ist, so ist es als I doch nur eine Konsonanz.

Drum ist unser Ausspruch kein leerer Wahn bezüglich der Separatverhältnisse der Intervalle unter sich. Nicht diese zählen, sondern nur der Geist der einen Zahl I.

Aus ihr fliessen alle bereits entwickelten Konsequenzen; sie dictirt die Gesetze der absoluten Intervalle. Das zufällige Intervall des Generalbasses hat bloss formellen Werth, wie schon die verschiedene Lage eines Accordes ein verschiedenes Gepräge tragen muss.

Dass ein Unterschied ist zwischen Wesen und Form, braucht nicht weiter bewiesen zu werden. Diese drei Momente: **Einheit, Solidarität, absolutes Intervall** setzen uns in den Stand, Alles zu beweisen, während der Generalbass nichts beweist, nichts beweisen kann, so lange er das **absolute Intervall** negirt oder ignorirt. Dieses aber ist ein Ausfluss unserer **Einheit.**

II.

Das System der Einheit.

§ 1.

Unser ganzes Tonmaterial ist im vorstehenden Schema enthalten. Wir haben nur 12 Töne; wie ich sie nenne, ist fürs Erste gleichgültig; denn sie existiren, wenn wir auch gar keinen Namen dafür hätten. Jeder Unbefangene wird sich wundern, wenn er hört, dass wir in der Musik für 12 Töne nicht 12 Namen haben, sondern deren 35. *)

Gesetzt, unsere Töne hiessen, wie sie im Kreise stehen, so wäre *A* der erste Ton, *b* der zweite u. s. w., *m* der zwölfte. Alle 11 Töne wären absolute Intervalle von der Einheit *A*.

Diese Ordnung ist 12mal möglich, es entstehen somit 12mal andere absolute Intervalle, mit jeder neuen Einheit entstehen neue Intervalle, somit ist jedes absolute Intervall **relativ**, je nach der angenommenen Einheit, die 12mal eine andere sein kann.

Nennen wir diese 12 Töne nach der chromatischen Scala von *C*, so werden die absoluten Intervalle entstehen, wie sie Figur 1 verzeichnet sind.

---

* *C*	*his*	*deses;*	*Fis*	*ges*	*cisis;*
Des	*cis*	*hisis;*	*G*	*asas*	*fisis;*
D	*cisis*	*eses;*	*As*	*gis;*	
Es	*dis*	*feses;*	*A*	♭♭	*gisis;*
E	*fes*	*disis;*	*B*	*ais*	*ceses;*
F	*eis*	*geses;*	*H*	*ces*	*cisis.*

Wenn wir in Quinten auf- und absteigend den ganzen Quintenzirkel beschreiten, so werden mit jeder neuen Einheit neue orthogra-
phische Namen erscheinen.

Für *b* lernen wir kennen *ais*

  „ *des* „ „ „ *cis,*

  „ *dis* „ „ „ *es* u. s. f., ein Unterschied, der durch
die Temperatur so ausgeglichen ist, dass er nicht mehr in Betracht
kommt. Obschon streng akustisch *c, his, deses,* drei verschiedene Töne
sind, sind doch alle drei jetzt eins; nur durch Reduzirung dreier Töne
auf einen erhalten wir eine einheitliche Stimmung unserer 12 Töne;
ohne Temperatur besässen wir nicht einmal reine Octaven, und die Octave ist doch nur die wiederkehrende Einheit.

Wenn wir aber in unserer Orthographie 35 Namen besitzen, so
haben wir in Wirklichkeit doch über keine 35 Töne zu verfügen, denn
wir besitzen in der Praxis nur 12 Töne.

Theilen wir diesen Zirkel von 12 Tönen durch 4, so wird jedes
Viertel 3 Theile haben; theilen wir ihn durch 3, so wird jedes Drittel
4 Theile haben; durch 2 getheilt, wird jede Hälfte 6 Theile haben.

Wenn der Zwischenraum von 1—2 eine kleine Sekunde beträgt, so
erhalten wir von 1—4 3 kleine Sekunden oder eine kleine Terz, somit
enthält der ganze Zirkel 12 kleine Sekunden oder 4 kleine Terzen.

Wenn von 1—3 eine grosse Sekunde ist, so ist von 1—5 eine grosse
Terz, ebenso von 5—9, von 9—13 = 1.

Von 1—3—5—7 sind 3 ganze Töne oder grosse Sekunden; von
1—7 sind also 3 ganze Töne, oder ein Tritonus, oder die Hälfte, somit
von 7—1 abermals die Hälfte, oder ein Tritonus, oder eine erhöhte
Quart, oder falsche Quint.

Die durch Linien verbundenen Töne der Kreise Figur (1, 2, 3)
stehen sich gegenüber im Verhältniss eines Tritonus, einer erhöhten
Quart (♯4), oder falschen Quinte 5̑, oder im Verhältniss 1—7. Neh-
men wir die Einheit *C,* so ist der Tritonus (♯IV) *Fis* und zwar absolut, die übrigen wie: *fis, c; dis, a; a, dis* sind für *C*1 zufälliger
Natur — bedeutungslos.

Schlagen wir *c, fis* an, so wird es uns leer klingen, selbst die In-
tonation fällt dem Sänger schwer, daher das Verbot für den Komponi-
sten früherer Zeit, dieses Intervall zu setzen.

Schlagen wir an: *C dis fis a*, das Quadrat, so wird dieser Vierklang schon Körper haben; allein für unser Ohr hat er etwas Schwankendes, Unbestimmtes, Unabgeschlossenes.

Schlagen wir das Dreieck an *c e as*, so wird es uns ebenfalls unbefriedigt lassen; auch ist dieser Dreiklang ebenso schwer zu intoniren. Die Symmetrie des Auges ist offenbar nicht die des Ohres.

Die Theilung des Kreises in 4 kann nur 3mal vorgenommen werden, sowie die in 3 nur 4mal. Fig. 4 und 5.

Fig. 4.   *Fig.* 5.

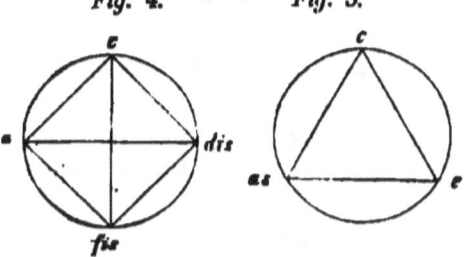

Diese 3mal 4, oder 4mal 3 Töne geben uns unsere chromatische 12tönige Scala.

Obwohl formell gleich, sind sie doch verschieden durch ihre Stellung zur Einheit. Beide sind Gegensätze.

Das Quadrat enthält vier kleine Terzen, das Dreieck 3 grosse Terzen; allein im musikalischen Sprachgebrauch hat jede Form ein Intervall weniger, man rechnet die letzte Terz nicht mit, obgleich sie sich im Stillen erfüllt. Man sagt z. B.: von *fis* nach *a* ist eine kleine Terz, von *fis* nach *c* eine falsche Quint, von *fis* nach *es* eine verminderte Sept; oder von *c* nach *e* ist eine grosse Terz, von *c* nach *gis* eine übermässige Quint.

Wenn wir dagegen diese beiden Urformen in ihre wesentlichen Bestandtheile auflösen und sagen: das Quadrat bestehe aus 4 kleinen Terzen, und der Urdreiklang (übermässige Dreiklang) aus 3 grossen Terzen, so haben wir diese Formen ebenso kurz charakterisirt.

Wir brauchen nicht von dem untersten Ton aus Intervalle zu bestimmen; denn wir wissen ja, dass wir es nur mit kleinen oder grossen Terzen zu thun haben.

Diese 2 geometrischen Urformen lassen in sich keine Befriedigung zu, trotz ihrer Symmetrie für das Auge; sie streben nach einer weniger symmetrischen Form dem Auge nach, aber einer befriedigenderen dem Ohre nach.

Bei dem Urdreiklange darf nur eine der 3 Terzen herabgesetzt werden, so dass die herabgesetzte zur reinen Quint wird, und sie befriedigt unser Ohr. Siehe Figur 6 und 7.

Fig. 6. dur.   *Fig. 7. moll.*

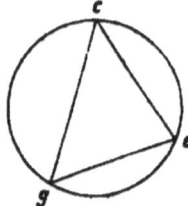
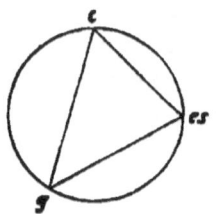

Die Symmetrie des Urdreiklangs ist uns durch augenscheinliche Unvollkommenheit näher gerückt in diesen 2 Dreiklängen *dur* und *moll.*

In *dur* ist noch die Urterz da, und die Befriedigung ist grösser, als wenn wie in *moll* die beiden Terzen innerhalb der reinen Quinte vertauscht werden.

Dur wie *moll* bestehen sonach in der Zusammensetzung zweier ungleichartiger Terzen (gross und klein), in beiden Fällen erfüllt sich eine reine Quint.

Allein was für ein Unterschied liegt nicht in *dur* und *moll*, was für Gegensätze, und wir sehen blos in beiden eine andere Aufeinanderfolge der zweierlei Terzen.

Beide neugewonnenen Figuren lassen sich 12mal in unserem Hauptschema applizieren, sowie es auch wirklich 12 *Dur*- und 12 *Moll*- Geschlechter gibt. *)

Jede dieser 4 verschiedenen Figuren ist also, wie Figura zeigt, von verschiedener Wesenheit und besonderem Charakter. Es begreift sich, warum die ersten beiden „mehrdeutig" sein müssen.

Wenn sich aus dem Urdreiklang der harte und der weiche Dreiklang herstellen lässt (*dur* wie *moll*), so auch aus unserem Quadrat auf der Einheit.

Um also aus dem Quadrat auf der Einheit diese beiden Dreiklänge *C I dur* und *moll* herzustellen, wird I unangetastet stehen bleiben; *dis* ($\sharp$2) wird nach *e* (3) aufwärts schreiten, oder für *moll* als *es* ($\flat$3) liegen bleiben; *fis* ($\sharp$4) wird nach *g*V sich bewegen, während *a* (6) entweder den nächsten Weg herab nach *g* im Sekundenschritt, oder den Weg hinauf im kleinen Terzensprung nach *C I* schreiten wird. Alle diese Schritte sind Schritte der Nothwendigkeit, nicht etwa der „Willkühr."

*) Man denke sich nur jede dieser Figuren beweglich, und es werden sich alle möglichen Dreiklänge gemächlich ablesen lassen können.

§ 2.

Die Basis I — ♯IV.

Unsere Alles beherrschende Einheit stützt sich auf ein zweites Moment, ihren Gegensatz, auf die Hälfte, (7) den Tritonus, die erhöhte Quart oder falsche Quinte.*) Die Wichtigkeit dieses Grundsatzes erhellt schon aus diesen verschiedenen Namen. Diese absolute ♯4 wird die V geben, allein wir bedürfen eines dritten Momentes, um die Terz (*e* oder *es*) zu erhalten, und zwar *dis* (♯2) = *es* (♭3).

Alle diese verschiedenen Formen, die noch lange nicht erschöpft sind, sind nichts Anderes als unser Quadrat auf der Basis I—♯IV. Wir sehen schon ausser der Einheit die ♯IV vorherrschen, bemerken, dass diese Stufe im Bass einen guten Effect macht, während auf anderen Stufen dieser Effect schwächer sein wird. Wir haben nicht allein die verschiedenen „Lagen oder Umkehrungen" dargestellt, sondern auch ausserdem die zerstreute Lage verzeichnet.

Allein ausser den bereits gefundenen 4 Formen gibt es noch eine fünfte Form, hervorgegangen aus dem 4seitigen Quadrate; es ist dies der sogenannte verminderte oder k l e i n e Dreiklang, bestehend aus der Hälfte des Quadrats. Siehe Figur 8, 9, 10, 11 auf nächster Seite.

---

*) Der Ausdruck „falsche Quinte" ist Lieblingsausdruck des Generalbasses; wir setzen dafür: erhöhte IV (♯4).

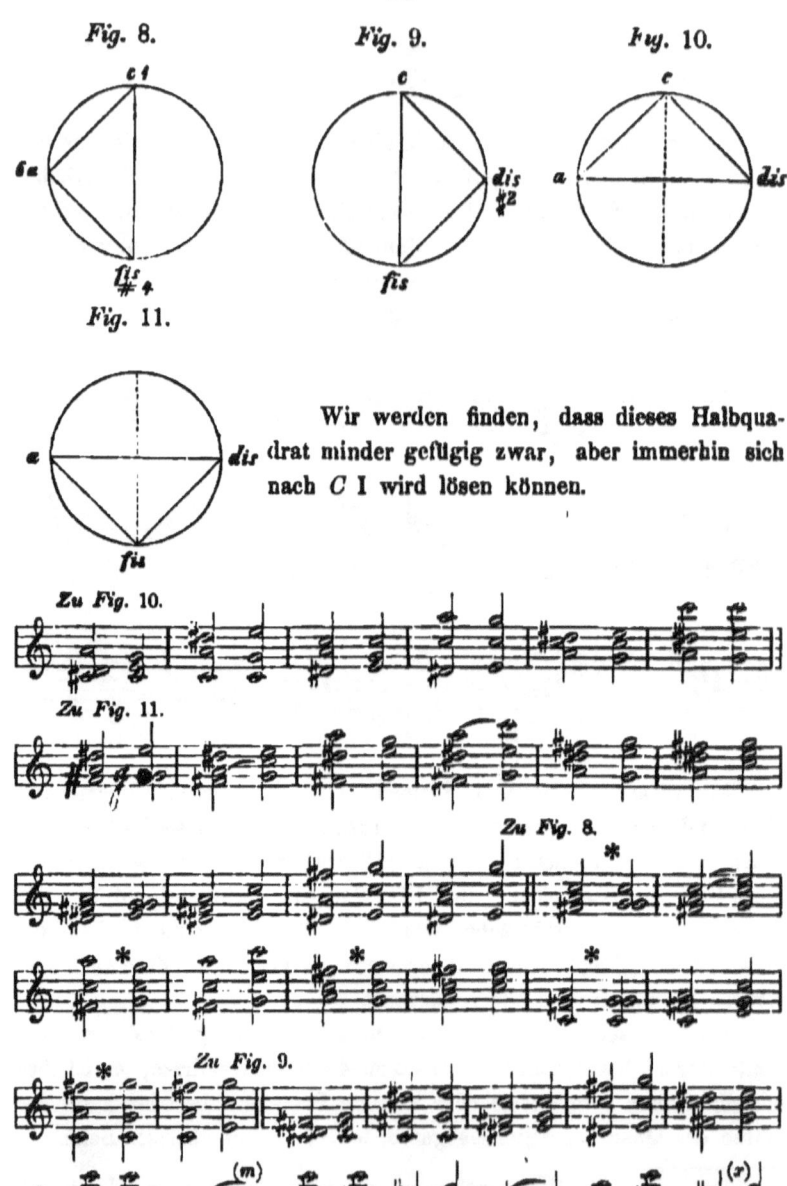

Fig. 8.

Fig. 9.

Fig. 10.

Fig. 11.

Wir werden finden, dass dieses Halbqua-drat minder gefügig zwar, aber immerhin sich nach *C* I wird lösen können.

Zu Fig. 10.

Zu Fig. 11.

Zu Fig. 8.

Zu Fig. 9.

Alle diese 4 kleinen Dreiklänge, diese Halbquadrate, machen einen ungleichen Effect, sind hinkend, wenn eine der Stufen I— oder ♯IV fehlt. Bei den mit * bezeichneten Fällen ist die Fortschreitung mangelhaft, da die charakterisirende grosse oder kleine Terz fehlt; es muss deshalb durch Stellvertretung, durch Sprünge nachgeholfen werden.

Auch finden wir, dass in *C moll* alsbald die erhöhte Sekunde als kleine Terz liegen bleibt (*m*). Wir wollen daher auch nicht rechten, sollte Jemand unorthographisch wie unter (*x*) die ♯2, *dis* gleich als ♭3, *es* schreiben.

Wir haben aber ein zweites weit fruchtbareres Quadrat aufzuweisen, und zwar auf einer anderen Basis.

---

§ 3.
Die Basis VII—IV.

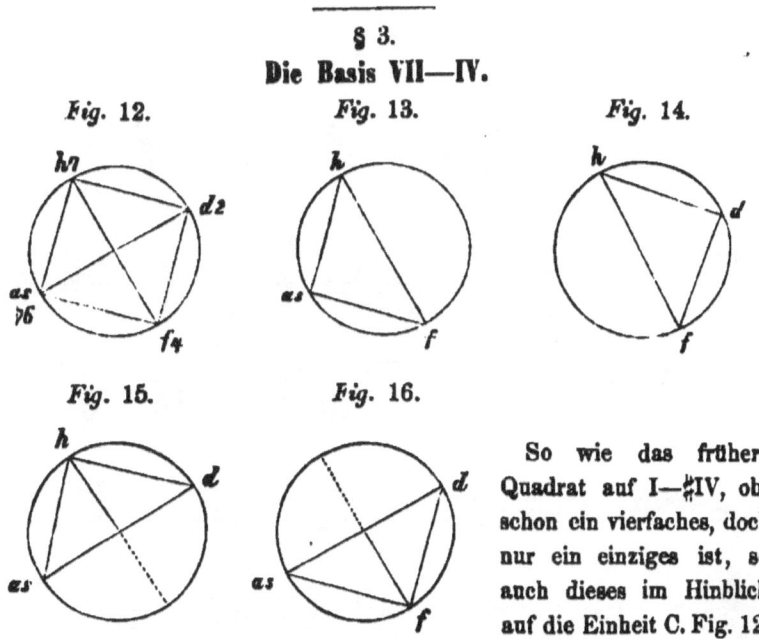

Fig. 12.   *Fig.* 13.   *Fig.* 14.

Fig. 15.   *Fig.* 16.

So wie das frühere Quadrat auf I—♯IV, obschon ein vierfaches, doch nur ein einziges ist, so auch dieses im Hinblick auf die Einheit C. Fig. 12.

Wie ich es nenne, ob: *h d f as, d f as h, f as h d, as h d f*, es wird immer auf der Basis IV—VII oder VII—IV ruhen. VII als die Hauptdissonanz, der Hauptleiteton, IV eine Hauptstufe, die als Neutrum eine milde Dissonanz abgibt, indem sie nöthigenfalls auch aufwärts gehen und verdoppelt werden kann. 7 strebt zu I, IV zu 3 oder ♭3, beide streben zu *C I dur* oder *moll*. Beide Töne bilden unter sich einen zufälligen Tritonus. Es lässt sich erwarten, dass die 4 möglichen kleinen Dreiklänge, Fig. 13, 14, 15, 16, auch sich verwerthen lassen, da nöthigenfalls die Basis VII—IV schon einen 2stimmigen Accord schaffen kann (z). Betrachten wir die beiden andern ebenfalls einen Tritonus bildenden Gegensätze II—♭VI, so werden sich diese gefügig in die Töne der Einheit C lösen, indem ♭6 nach V herabgeht, während 2 die Wahl hat nach I oder 3, und verdoppelt nach 1 und 3 (als Konsonanz m).

Wir machen die Bemerkung, wenn sich auch alle diese kleinen Dreiklänge willfährig nach *C* I lösen, da immer wenigstens eine Stufe der Basis VII—IV betheiligt ist, dass eine oder die andere Form uns mehr oder weniger befriedigt; am meisten convenirt uns, wenn die ganze Basis betheiligt ist, und zwar wo die charakteristische Hauptstufe VII als Basis im Basse steht, da sie zu I schreitet, und die Einheit als Basis gerne im Basse erscheint.

Wenn wir gesehen, dass innerhalb der reinen Quint durch Alterirung der Terz aus *dur moll* entsteht, so wird dies wohl auch innerhalb unserer Basis möglich sein, die unter sich einen Tritonus, eine zufällige falsche Quinte bildet, der mittlere Ton wird sich verändern lassen dürfen.

Wir erhalten somit auf unserer Basis doppelseitige Alterirungen, Sekundalterirungen und kleine Sextalterirungen, die praktisch verwendbar sind. Wir können diese letzteren Nuancen nennen: doppeltkleine und hartkleine Dreiklänge. Siehe Figur 17, 18, 19, 20.

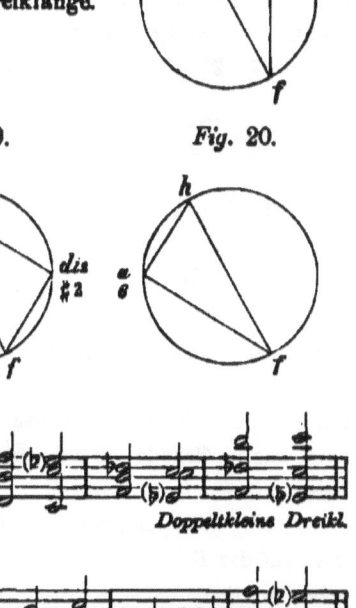

Fig. 17.

Fig. 18.   *Fig.* 19.   *Fig.* 20.

Zu Fig. 19.

hartkleine Dreikl.

Zu Fig. 20.

Unter diesen verschiedenen Lösungen werden alle gleich correct sein, aber nicht alle gleich befriedigend klingen. Sie ruhen am liebsten auf dem charakteristischen Leittone, denn in dieser Basis dominirt ebenso gut VII, als in der früheren I. Die Beispiele *m* und *n* erhärten dies. Wir könnten schablonenhaft anderweitige Alterirungen verzeichnen, Analogien zu Fig. 8 und 9, allein die Basis ist massgebend, nämlich VII—IV.

Setze ich nach dem Ausspruche des Dichters Ungleichartiges zusammen, „so gibt es einen guten Klang." Versuchen wir dies auf unserer Basis VII—IV mit „klein" und „doppeltklein", so erhalten wir einen Hauptvierklang. Siehe Fig. 21.

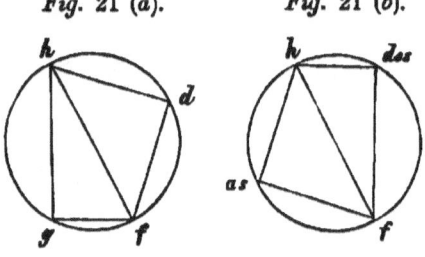

Fig. 21 (a).   *Fig. 21 (b).*

Somit besteht unser Hauptvierklang der V. Stufe (der sogenannte Septaccord) aus 2 ungleichartigen Dreiklängen auf gleicher Basis VII—IV. Wenn schon einer der beiden Dreiklänge, aus denen er besteht, praktikabel ist, um so mehr dieser Vierklang durch die darin enthaltene Hauptstufe V. Ja, diese Stufe ist so mächtig, dass gar oft die zufällige Quint des Generalbasses (unser *d* 2) wegbleiben darf, was im Grunde nur der linksseitige doppeltkleine Dreiklang Fig. 18 nach unserem System wäre.

Dieser zusammengesetzte Doppeldreiklang kann auch als das Quadrat auf der Basis VII—IV mit herabgesetzter kleiner Sext (♭6) angesehen werden.

$$
\begin{array}{cccccccccc}
h & d & f & as & - & h & d & f & g \\
7 & 2 & 4 & ♭6 & & 7 & 2 & 4 & 5.
\end{array}
$$

Der Generalbass deduzirt das Ganze schablonenhaft; er setzt dem harten Dreiklang der V. Stufe eine kleine Sept zu. $g \quad h \quad d \, - \quad f$
$$\text{(I)} \quad 3 \quad 5 \qquad 7$$

Ihm gilt das Wesentliche unserer Basis Nichts, h VII, unser Haupt-leiteton, ist ihm **konsonirende Terz** von $G!$ — f eine Septe, d eine Quinte, g die stillschweigende Einheit, von der aus er zählt; in den 3 Umkehrungen erscheinen abermals neue Separatverhältnisse die-ser 4 Töne unter einander, es entstehen neue Kon- und Dissonanzen, neue Zahlen, neue Namen, auf denen kein Werth liegt.

Wenn aber dieser Hauptvierklang der V. Stufe als alterirtes □ an-gesehen werden kann, so lässt sich noch eine neue Form finden, nämlich der „kleine Vierklang." Siehe Fig. 22.

Fig. 22 (a).

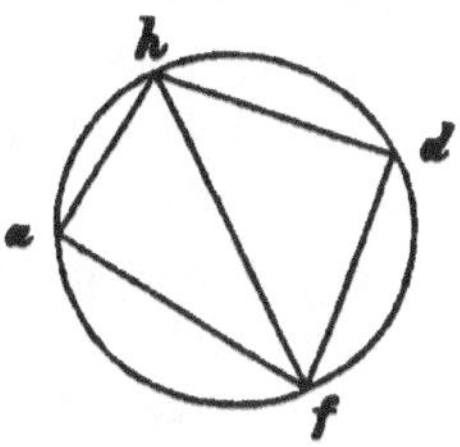

Fig. 22 (b).

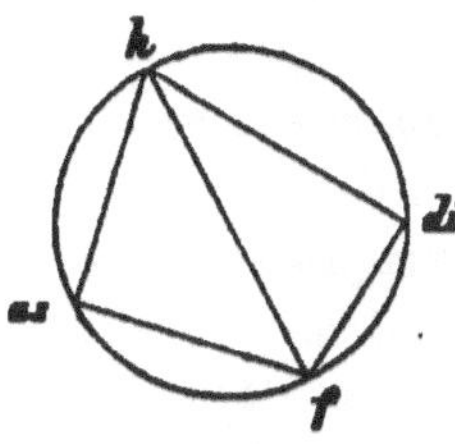

Zu Fig. 21.

Zu Fig. 22.

Wir haben diese beiden Vierklänge nach *C I dur* schreiten lassen, es versteht sich, dass überall auch *moll* erfolgen kann. Wir haben ausführlich die verschiedenen Umkehrungen verzeichnet, bei gleicher Wesenheit die verschiedenen Formen, indem überall ein anderer Bass zu Grunde liegt; da wir unsern Hauptvierklang nicht Septaccord nennen können, weil dieser Name auf einem zufälligen Pseudoverhältniss beruht, so können wir ebenso wenig die übrigen 3 Umkehrungen mit den üblichen Namen des Generalbasses belegen wie: Terzquintsext-, Terzquartsext-, Sekundquartsext-Accord, da ihre Zufälligkeit nicht zählt, denn das Wesen zu *C I* ist unverändert dasselbe, nur die äussere Form ist verändert. Deshalb auch der verschiedene Effect einer jeden Umkehrung, der sich nur fühlen, aber nicht beschreiben, am allerwenigsten mit Worten oder Ziffern angeben lässt; denn schon folgende Combinationen dieser ersten Umkehrung des Terzquintsext-Accordes des Generalbasses ist so mannigfach, dass wir ebenso wenig an neue Namen zu denken brauchen.

Diese 6 Combinationen des einen Accordes (*h d f g*) sind ebenso formell verschieden, so dass ein Uneingeweihter sicher ganz verschiedene Accorde vermuthet, und doch sind derlei Combinationen durch noch andere Lagen (enge, zerstreute, tief, hoch) abermals neu zu formuliren, obzwar die Wesenheit stets dieselbe für *C I* sein muss.

Lassen wir 2 doppeltkleine Dreiklänge zusammentreten und 2 hartkleine, so erhalten wir den **doppeltkleinen Vierklang** Fig. 23, den **hartkleinen Vierklang**, Fig. 24.

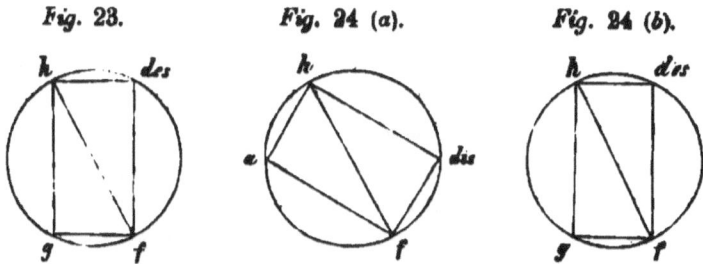

Fig. 23.   Fig. 24 (a).   Fig. 24 (b).

Beide sind Gegensätze laut Figur, beide als doppeltseitige Dreiklänge zu verwerthen auf unserer Basis, somit auch als Vierklänge.

Je mehr diese Accorde dissoniren, desto mehr ist nöthig, diesen
Dissonanzen eine hervorragendere Stellung zu geben. Unseren „doppeltkleinen Vierklang" in der 2. Umkehrung nennt der Generalbass den
übermässigen Sextaccord, siehe 3) der Beispiele.

Zu Fig. 23.

Unter diesen 4 Lagen wird jede correct sein, aber nicht jede gleich befriedigend. So werden 2 und 3 mehr befriedigen als 1 und 4, weil bei der Auflösung dieses Vierklangs die Einheit im Basse erscheint; es ist ein Ruhepunkt da, während die andern Umkehrungen unabgeschlossen klingen. Davon später bei den Schlussfällen.

Betrachten wir Fig. 25, so weist sie uns den übermässigen Vierklang auf, zusammengesetzt aus einem doppeltkleinen und hartkleinen Dreiklang. Jede dieser 5 Figuren lässt sich auf der Basis *h—f* VII—IV umkehren und wir erhalten noch einmal so viel Figuren, eigentlich mit Ausnahme der Fig. 23, die sich gleich bleibt, und der Fig. 24, die wieder Fig. 23 ergibt.

Fig. 25 (*a*).   *Fig.* 25 (*b*).

Wir bemerken die Aehnlichkeit der Figuren 21 (*a*); 22 (*a*); 25 (*a*) mit 21 (*b*); 22 (*b*); 25 (*b*).

Wenn sich die ersten 3 Figuren (*a*) zunächst willfährig nach *C* I lösen, so die 3 letztern (*b*) zunächst analog nach *Ges* I. Was hindert uns aber, diese 3 Vierklänge (*b*) ebenso gut auf *C* I zu beziehen als auf *Ges* I?

Klang und Figur weisen uns allerdings zunächst nach *Fis* oder *Ges* I. Stelle ich die bezügliche Orthographie her,

$$des \quad f \quad as \quad ces \quad \text{oder} \quad cis \quad eis \quad gis \quad h$$
$$\mathrm{V} \quad 7 \quad 2 \quad 4 \qquad \mathrm{V} \quad 7 \quad 2 \quad 4$$

so werde ich ganz bequem nach *Fis* oder *Ges* gehen. Wenn ich aber den Willen habe, trotz des mächtigen Zuges nach *Ges* I in *C* I zu verbleiben, was hindert mich daran? Wer kann sagen, dass ich mit dem obigen Vierklang nach *Ges* oder *Fis* gehen muss? Wer kann sagen, der und jener Accord gehört da oder dort hin? Niemand. Unsere Solidarität spricht aus, dass der obige Accord ebenso gut nach *C* I gehört, wie nach *Fis* I.

Mein Wille entscheidet, welche Einheit herrschen soll. Uns wird auch nicht einfallen, zu sagen: Der Accord *g h d f* gehört nur nach *C* I; — freilich, allein er gehört unserer **ganzen** Tonwelt an.

Zu Fig. 21 (*b*).

Dieser Hauptvierklang (von *Ges* I) in seiner Beziehung zu *C* I ist sehr an verbotenen Quinten gesegnet, welchem jedoch durch eine antizipirte Auflösung wie unter (*z*) vorgebeugt werden kann; die unter (*m*) werden neuester Zeit eher geduldet, da sie in der Mittelstimme liegen, wogegen die unter (*x*) in einer äusseren Stimme liegenden verpönt bleiben werden. Ein Zusammenklingen von 4 Tönen, in denen 2 einen zufälligen verpönten Quintenschritt machen, ist lange nicht so arg, als wenn man diese Quinten allein spielt; gewöhnlich hört mancher Quintenmonoman mehr mit dem Auge.

Der übermässige Vierklang Fig. 25 (a) ist höchst willfährig, da Nichts weiter als die erhöhte 2 (*dis*) zu bemerken ist, die natürlich nur den Ausweg sieht, nach *e* (3) zu gehen, oder als *es* (♭3) in *C moll* liegen zu bleiben. Dagegen macht sich der Vierklang Fig. 25 (*b*) als Analogie des früheren für *Ges* I geltend;

$$g \quad h \quad dis \quad f \;=\; C\,\mathrm{I} \quad des \quad f \quad a \quad ces \;=\; Ges\,\mathrm{I}.$$
$$\mathrm{V} \; 7 \; \sharp 2 \; 4 \qquad\qquad 5 \; 7 \; \sharp 2 \; 4.$$

Wenn auch mit Widerstreben, muss er sich unserem Willen fügen als: *des f a h*, dafür kann *g h dis f* die nämliche Intervalle
♮2 4 6 7

Ges I leihen. In *Ges dur* wird nämlich dieser Accord *g h dis f* lauten: *asas ces es f*, in *Fis: g h dis eis*.
♮2 4 6 7   ♮2 4 6 7.

Beziehen wir also Fig. 25 (*b*) *des f a h* auf *C* I!
♮2 4 6 7

Zu Fig. 25 (*b*).

Er klingt etwas ungewohnt; allein er muss sich der Einheit fügen. Es erübrigt nach der letzten Fig. 22 (*b*)

h dis f as (er neigt mehr nach *moll*, und ist in manchen Lagen
7 ♯2 4 ♭6   unpraktisch).

Dieser hat ebenfalls die Neigung, als kleiner Vierklang nach *ges* I zu gehen und zwar als: $\begin{array}{cccc} f & \textit{as} & \textit{ces} & \textit{es.} \\ 7 & 2 & 4 & 6. \end{array}$

Wenn wir uns jedoch weiter umsehen, so begegnen uns 2 Accorde, die nur auf halber Basis ruhen (VII), (ein Beweis, dass von den beiden

Stufen VII—IV die er-stere die mächtigere ist) nämlich:

Der Dreiklang der V. Stufe, siehe Fig. 26, und der übermässige Drei-klang der V. Stufe; Fig. 27.

Fig. 26.   *Fig. 27.*

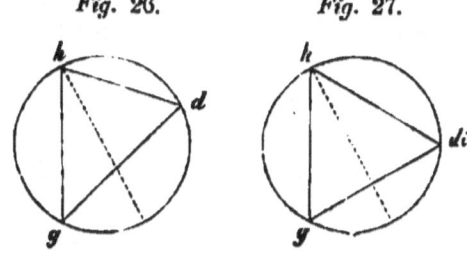

Unter 2) sehen wir den Dreiklang 3stimmig; unter 1) dagegen 4stimmig. Wir wollen nur nebenbei bemerken, dass ein Dreiklang *C* I in seiner Stellung als Einheit nie ein Vierklang werden kann. Diese höchst überflüssige Bemerkung hat eine „Allgemeine Theorie der Mu-sik" veranlasst, die keinen Unterschied macht zwischen Vierklang und 4stimmigem Dreiklang — (!)

Nachdem aber die Zufälligkeit des Intervalls keine Rolle spielt, sondern es mehr auf die jeweilige Basis ankommt, können wir auch nicht an der schablonenhaften Bezeichnung des Generalbasses haften.

Wo eine Hauptstufe wie V erscheint, mag sie als erst zu nennende Stufe bei Hauptvierklängen (Septaccorden) gelten; wo sie fehlt, drängt sich VII von selbst auf. Darum dürfen wir keck sagen: Das Quadrat zu *C*I ruht auf VII: *h d f as*, das Quadrat von *C*I dagegen

VII 2   4   6

auf I: *c dis fis a.*

I ♯2 ♯4 6.

Die in der Praxis vorherrschenden Stufen darf wohl auch die Theorie adoptiren. Nach I wird sein Gegensatz ♯IV als zweitwichtigste Stufe erscheinen, nach dieser 6; beide verlangen nach der V der Einheit; die schwächste wird ♯2 sein, die zur Terz schreitet.

Das auf einer Stufe Ruhen setzt aber jederzeit ein Fundament voraus, einen Bass, somit beziehen sich diese Bemerkungen nur auf den jeweiligen Bass.

Vergegenwärtigen wir uns die gefundenen Dreiklänge und Vierklänge auf unserer Basis VII—IV, so haben wir folgende, die zu *C*I *dur* oder *moll* streben.

Dreiklänge

auf halber Basis:

hart : *G h d,* übermässig: *g h dis,* klein : *as h d.*

5 7 2   5 7 ♯2   ♭6 7 2.

Fig. 26.   Fig. 27.   Fig. 11.

auf ganzer Basis:

h dis f   *h d f* (klein),   *f g h* (doppeltklein).

♯ 2   7 2 4   5

f a h   Fig. 14.   *h des f*

6   ♭2

(hartklein) Fig. 18 und 19.   Fig. 16 und 17.

Vierklänge

auf ganzer Basis:

Das Quadrat: *h d f as* Fig. 12.

7 2 4 ♭6.

Der Hauptvierkl. *h   d   f   g*   Fig. 20 (*a*).

        7   2   4   V.

Kleiner Vierkl.   *h   d   f   a*   Fig. 22 (*a*).

(erweitertes Quad.) 7   2   4   6.

Doppeltkl. Vierkl. *h des   f   g*   Fig. 23.

        7 ♭2   4   V.

Hartkl. Vierklang *h dis   f   a*   Fig. 24 (*a*).

        ♯2   6

Hauptvierklang   *h des   f   as   (ces des   f   as)* ═ *Ges* I.   Fig. 20 (*b*).

(mehrd.)   ♭2   ♭6   4   5   7   2

Kleiner Vierklang *h dis   f   as   (ces   es   f   as)* ═ *Ges* I.   Fig. 22 (*b*)

(mehrd.)   4   6   7   2

Ueberm. Vierklang *h dis   f   g*   Fig. 25 (*a*).

        ♯2   5

Ueberm. Vierklang *h des   f   a   (ces des   f   a)* ═ *Ges* I.   Fig. 25 (*b*).

(mehrd.)   ♭2   6   4   6   7 ♯2

Wir sehen, dass alle Vierklänge bei gemeinschaftlicher Basis nur Alterirungen des Quadrats sind:

Quadrat: *H   d   F   as*

Hauptvierklang⎫
         ⎬ v. *Ges* I.   — *des* — —   (mit bezüglicher Orthographie).
Kl. Vierklang ⎭   — *dis* — —

Hauptvierklang   *H   d   F   g*

Doppeltkleiner Vierklang — *des* — —

Uebermässiger Vierklang — *dis* — —

Kleiner Vierklang   *H   d   F   a*

Ueberm. Vierkl. (*Ges* I)   — *des* — —   (mit bezüglicher Orthographie).

Hartkleiner Vierkl.   — *dis* — —

Daraus geht die Wichtigkeit dieser Urform hervor, sowie dass die gegebenen Namen ebenso von keinem Belange sein können; der Name thut Nichts zur Sache.

---

§ 4.

Weitere Formen der Basis I—♯IV.

Wir kennen bereits aus § I die Urform, das Quadrat auf *C* I. Wie sich auf der Basis VII—IV neunerlei Modificationen ergaben, so müssen sich solidarisch ebenso viel auf C I ergeben; denn diese neunfachen Modificationen des Quadrats auf VII—IV für C I werden für F I die Basis I—♯IV bilden, und die Basis I—♯IV für C I wird für G I die Basis VII—IV bilden müssen.

Es kömmt beim Anschlagen irgend einer Form, irgend eines Quadrats stets nur auf meinen Willen an, diese Form auf die von mir gedachte Einheit zu beziehen, daraus gehen dann die neuen absoluten Intervalle hervor; allein es zeugt sicher für die Idee der Solidarität, wenn die gleiche Form unter verschiedener Wesenheit (und theilweise veränderter Orthographie) für alle Tonarten zugleich da ist. Vergleichen wir die beiden bis jetzt abgehandelten Quadrate:

$$C \quad dis \quad fis \quad a \quad \text{und} \quad h \quad d \quad f \quad as \quad = \quad C\text{ I.}$$
$$\text{I} \quad ♮2 \quad ♮4 \quad 6 \qquad 7 \quad 2 \quad 4 \quad ♭6$$
$$F \quad gis \quad h \quad d \quad - \qquad e \quad g \quad b \quad des \quad = \quad F\text{ I.}$$
$$G \quad ais \quad cis \quad e \qquad fis \quad a \quad c \quad es \quad = \quad G\text{ I.}$$

Somit wird das 3. Quadrat $e \ g \ b \ des$ auch für C I da sein, und zwar als: $g \quad b \quad des \quad e.$

$$5 \quad ♭7 \quad ♭2 \quad 3.$$

Dies letzte Quadrat aber ist für C I äusserst unfruchtbar, nur indirect zu verwerthen, somit auch dessen verschiedene Modificationen.

Wollen wir analog dem abgehandelten Quadrate $h \ d \ f \ as$ für C I das Quadrat auf C I behandeln nach obiger Norm, so wird es in diesem Hinblicke nur mit der Orthographie von C I geschrieben werden müssen, während dessen Orthographie für G I auf VII—IV sich nach G I richten wird.

I	♮2	♮4	6	No.		VII	2	4	♭6	No.
von C I: C	dis	fis	a	1,	von G I: Fis	a	c	es	1.
—	d(2)	—	—	2,	—	as(♭2)	—	—	4.
—	e(3)	—	—	3,	—	ais(♯3)	—	—	7.
C	dis	fis	as(♭6)	4,	Fis	a	c	d(5)	2.
—	d	—	—	5,	—	as	—	—	5.
—	e	—	—	6,	—	ais	—	—	8.
C	dis	fis	♭(♭7)	7,	Fis	a	c	e(6)	3.
—	d	—	—	8,	—	as	—	—	6.
—	e	—	—	9,	—	ais	—	—	9.

Wir finden also dieselben Formen wieder, nur unter anderen absoluten Intervallen; wir treffen nur wieder unsere fünferlei Vierklänge, wie sie aus dem Urvierklange, dem Quadrat, sich entwickeln.

Die Natur kennt jedoch keine Schablone; diese Formen, die sich für die Basis VII—IV (laut § 3) ganz leicht verwerthen lassen, werden nicht alle mit gleicher Leichtigkeit auf der Basis I—♮IV zu verwerthen sein.

Fig. 28.

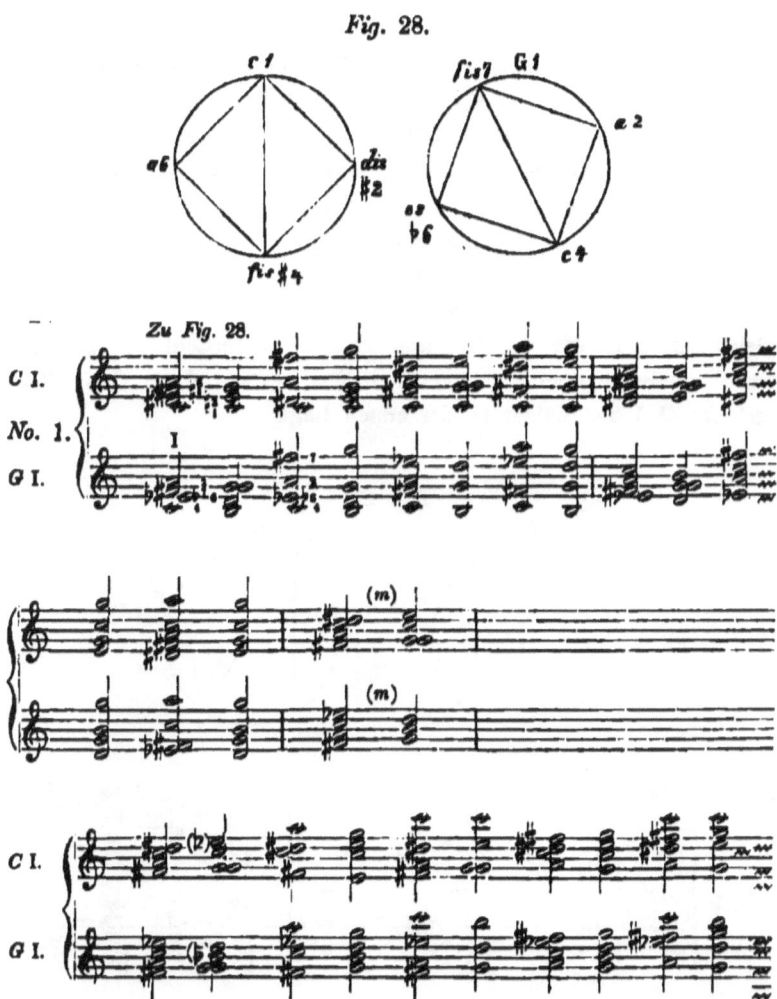

Zu Fig. 28.

In diesen Beispielen bezogen auf *C* I und *G* I sind zweierlei Basen ersichtlich für *C* I: I—♯IV; für *G* I: VII—IV. Bei dem einfachen Quadrat sind keinerlei Schwierigkeiten; sie mehren sich jedoch bei den Alterirungen. Wir sehen abermals, dass jede Umkehrung gleich correct, nicht aber jede gleich kräftig und wohlthuend wirkt.

So wirkt die Lage *fis a c dis* (*es*)

$$7 \quad 2 \quad 4 \; \flat 6$$
$$♯4 \quad 6 \quad I \; ♯2$$

gleich für *C* I, wie für *G* I (*m*). Für *C* I entsteht die 3. Lage, wo *g*V im Basse steht (der sogenannte Quartsextaccord des Generalbasses), für *G* I die Einheit in der ersten Lage.

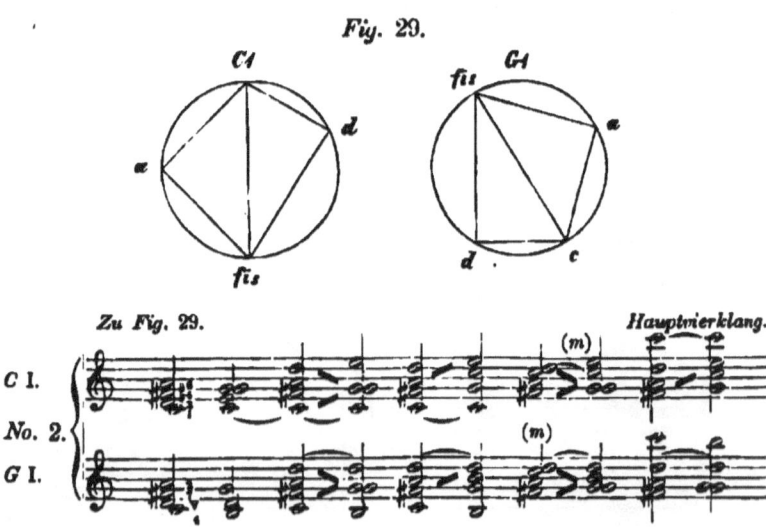

Fig. 29.

Zu *Fig.* 29.

Unter (*m*) erblicken wir einen Quintsextaccord des Generalbasses, „der sich nach *C* I lösen kann, während er eigentlich die erste Umkehrung der Dominantseptharmonie von *G dur* ist" — weil man von der Idee ausgeht, als sei der Accord *d fis a c* als Septaccord Privateigenthum von *G dur*; obschon formell ganz gleich, ist seine Wesenheit verschieden; der Name: Quintsextaccord des Generalbasses beweist nicht so viel als unser I; denn die Intervalle dieses Accordes sind im Hinblick auf diese 2fache Einheit 2 Mal andere.

$$
\begin{array}{ccccc}
fis & a & c & d & \\
\sharp 4 & 6 & I & 2 & = C\,L \\
7 & 2 & IV & V & = G\,L
\end{array}
$$

Dieser Accord in allen Umkehrungen und Lagen ist somit schon solidarisches Gemeingut sowohl von *C* I als von *G* I.

Fig. 30.

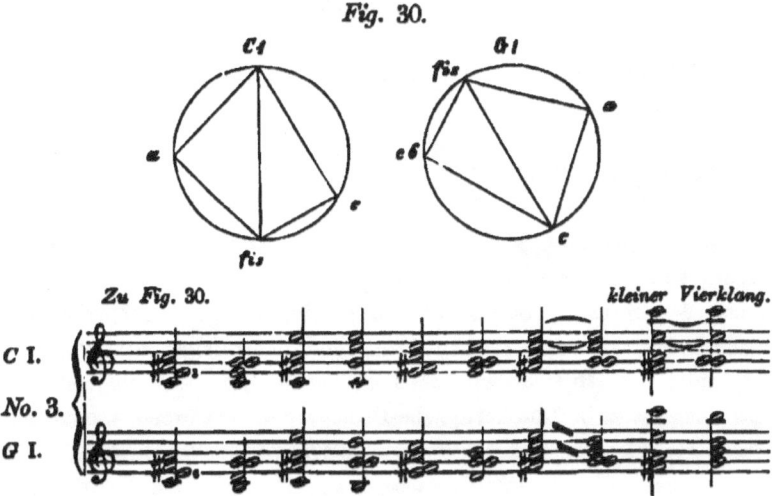

Wir wissen bereits die verbotenen Quinten zu umgehen, unter (*m*) ist durch Gegenbewegung der Fehler unter (*x*) corrigirt.

Fig. 31.

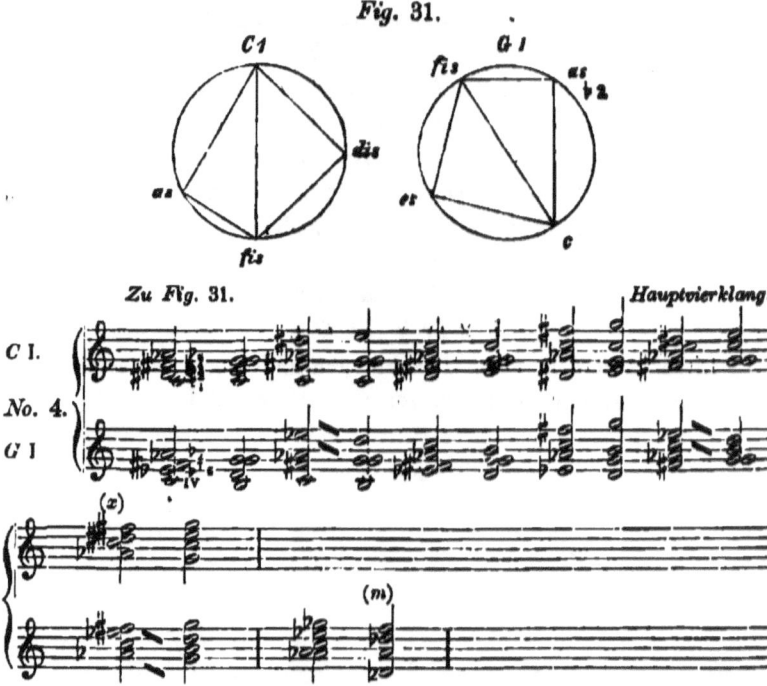

Dieser Vierklang ist dem Generalbass nichts Anderes als „der Septaccord von *Des* I mehrdeutig verwerthet." Sicher, wenn ich dieses Quadrat, dessen einer Ton chromatisch herabgesetzt den Hauptvierklang einer Tonart gibt, als solchen fassen und demzufolge orthographisch wie unter (*m*) schreiben will. Wo ich jedoch dies nicht will, habe ich das Recht, *a priori* die bezügliche Orthographie anzuwenden, ohne erst durch viele Regeln und Verwandtschaftsnachweise die Erlaubniss zu geben, dass ich mit dem Septaccord von *Des dur* nach *C dur* gehen

„könne oder dürfe." Unsere 3 Momente überheben uns aller dieser Regeln. Dem Generalbass ist der Accord unter (*x*) der übermässige Sext-accord. Wir sagen nur, dass wir den Hauptleiteton dieses Hauptvier-klangs von *Des* I als Einheit betrachten, und zugleich die bezügliche Orthographie anwenden.

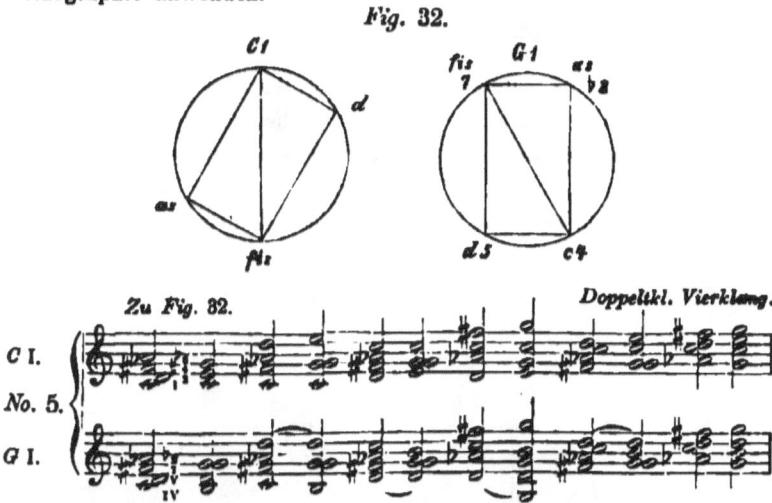

Fig. 32.

Zu Fig. 32.   *Doppeltkl. Vierklang.*

C I.

No. 5.

G I.

Dieser doppeltkleine Vierklang (Septaccord mit erniedrigter Quint des Generalbasses *d fis as c*) ist nichts Anderes als ein doppelt alterir-

$$(1) \quad 3 \quad \overline{5} \quad 7$$

tes Quadrat, während seine Basis aufrecht erhalten ist; er tritt oft ein als Quintenableiter des vorhergehenden Accordes, z. B. *fis as c es* für *G* I; um die zufälligen Quinten *as es — g d* zu bannen, wird das *es* früher nach *d* gelöst, und die verbotene Quint ist umgangen, oder es ist unser doppeltkleiner Vierklang als Vermittler dazwischen-getreten.

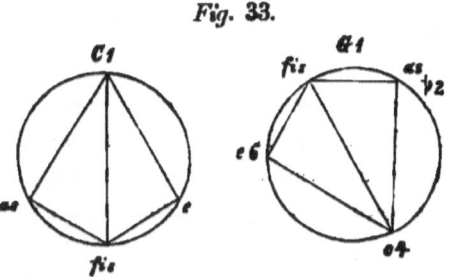

Fig. 33.

Dieser stark dissonirende Vierklang auf der Basis unseres Quadrats, in dem von den beiden alterirbaren Tönen der eine erhöht, der andere dagegen erniedrigt erscheint, ist in seiner Mehrdeutigkeit der übermässige Vierklang zu *Des* I (*x*). In *C* befriedigt er weniger, da I und 3 schon liegen, mehr jedoch für *G* I. Deshalb jedoch bleibt unser Grundsatz über Solidarität aufrecht. Denn wir wollen nicht gesagt haben, dass jede Form gleich gefügig sich in allen Tonarten werde verwerthen lassen.

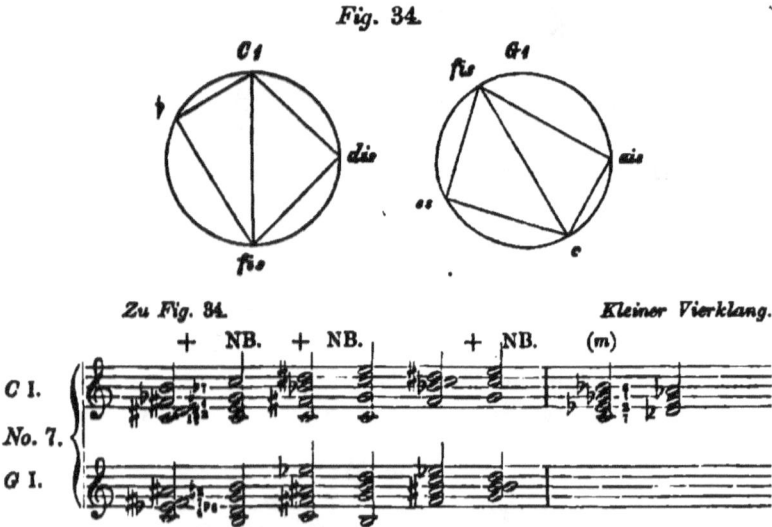

Dieser Vierklang, als erweitertes Quadrat anzusehen oder als kleiner Vierklang von *Des* I auf VII—IV mit der bezüglichen Orthographie unter (*m*), ist ebenso wie der frühere weniger praktisch in *C* I wegen des *b*, das ungern nach I geht, jedoch in *G* I schon praktischer.

Fig. 35.

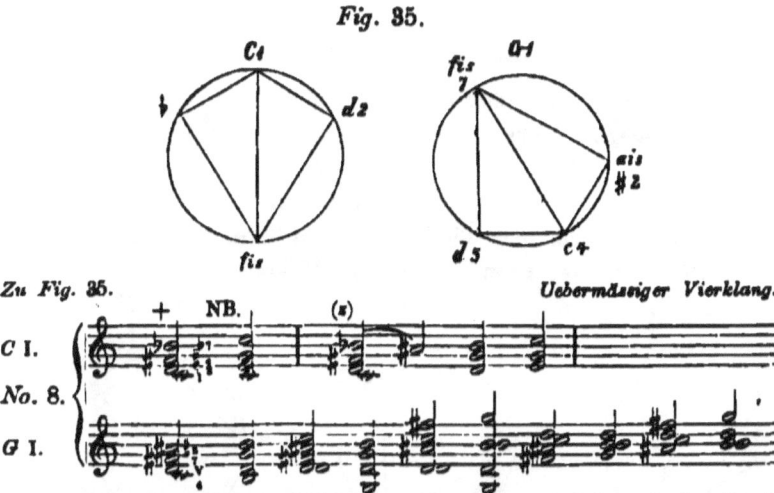

Zu Fig. 35.

Uebermässiger Vierklang.

C I.

No. 8.

G I.

Dieser übermässige Vierklang ruht ganz natürlich auf der Basis VII—IV für *G* I; dessen Verwerthung ist für *G* I ganz leicht, dagegen ist er für *C* I höchstens indirect zu verwerthen, indem man ihn nach *G* I und von da nach *C* schreiten lässt (laut *z*).

Fig. 36.

Zu Fig. 36.

Hartkleiner Vierklang.
(*m*)

C I.

No. 9.

G I.

Dieser hartkleine Vierklang neigt ebenso nach *Des* I (*m*) wie No. 7, nur in *G* I verwendbar.

§ 5.
Die Basis I—IV.

Wir sind bereits auf halber Basis VII den 2 Dreiklängen: „hart und übermässig" begegnet. Für die fehlende Stufe IV trat V ein

$$G \cdot h \quad d \qquad — \qquad G \quad h \quad dis$$
$$V \quad 7 \quad 2 \qquad \qquad V \quad 7 \quad \sharp 2.$$

Wir werden finden, dass die Einheit statt ihres Gegensatzes $\sharp$IV auch ein IV substituiren kann. Siehe Fig. 37—50.

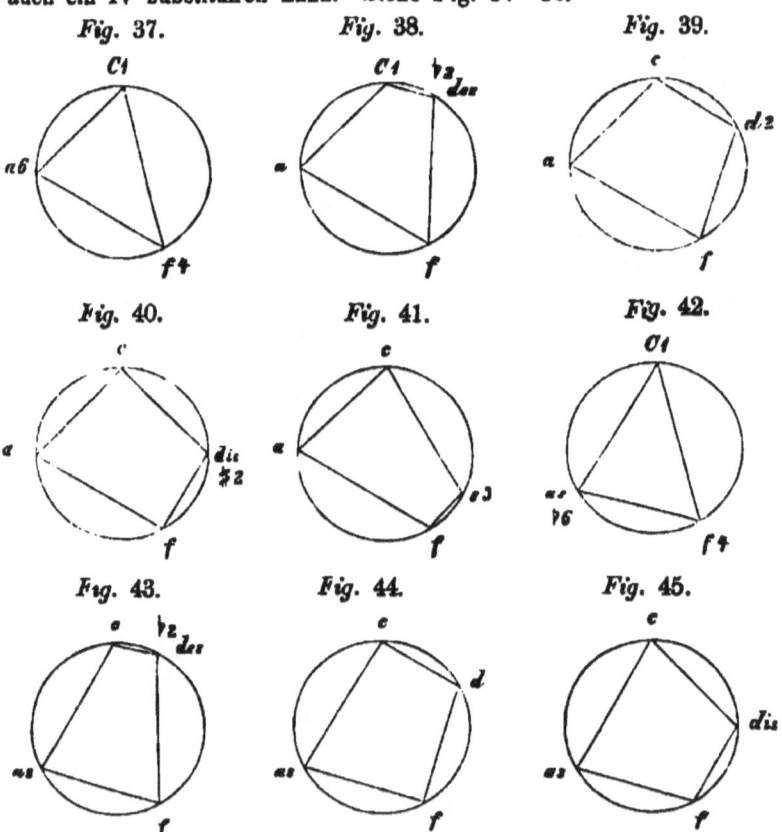

Fig. 37.	*Fig. 38.*	*Fig. 39.*
Fig. 40.	*Fig. 41.*	*Fig. 42.*
Fig. 43.	*Fig. 44.*	*Fig. 45.*

Anmerkung. Zu besserer Deutlichkeit möge der freundliche Leser in allen diesen Figuren die Linie von C nach f ausgeführt sich vorstellen; er wird zugleich bemerken, dass der Grund der grösseren Dissonanz in den 4 letzten Figuren in dem Aufgeben der Basis $C-f$ beruht.

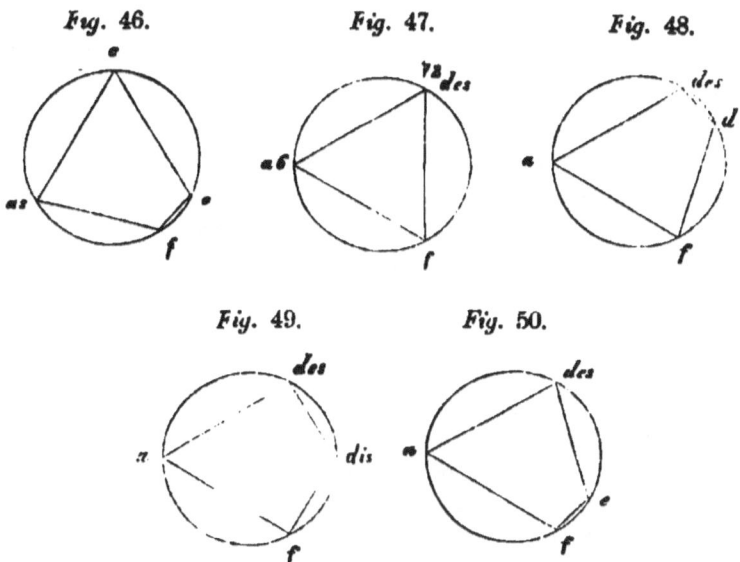

Fig. 46. Fig. 47. Fig. 48.

Fig. 49. Fig. 50.

Diese 14 Accorde (3 Drei - und 11 Vierklänge) bestimmt der Generalbass abermals nur nach ihrer Zufälligkeit. In den beiden Dreiklängen *dur* und *moll*, (Fig. 37 und 42) ruhend gedacht auf IV (*fac*, *fas c*), bildet *C* I eine zufällige Quinte, so lange wir in *C* I sind und bleiben wollen; etwas Anderes ist's, wenn wir in *F* I sind, dann ist *C* die absolute Quinte.

Der Vierklang (Fig. 39) wird allgemein als Septaccord mit kleiner Terz gefasst *(d f a c)*, während die Praxis häufig dessen 2te Umkehrung braucht *(f a c d)*, die sogenannte kräftigere Quintsextenharmonie. Wir brauchen derlei Umstände nicht, wir denken an unser Quadrat auf VII—IV. Die eine Basis IV ist stehen geblieben als dominirend, auf der im Grunde alle 6 Vierklänge ruhen; für VII ist bereits I eingetreten, so dass nur die beiden alterirbaren Intervalle *d* 2 u. *as* ♭6 übrig bleiben. Der Zug der letzteren nach I ist um so kräftiger, da I bereits an seine Stelle vorausgeeilt ist. Was haben wir gewonnen mit der Benennung des Generalbasses, wenn wir Fig. 44 *d f as c* einen Septaccord der II. Stufe mit vermind. Quint und kleiner Sept nennen? *C* I, eine zufällige Sept; wenn wir No. 43 *des f as c* den harten Dreiklang der ♭II. Stufe mit grosser Sept — *C* I, eine zufällige grosse Sept! — Fig. 38

des f a c, einen übermässigen Dreiklang mit grosser Sept, — Fig. 40 *dis f a c*, einen hartkleinen Dreiklang mit verminderter Sept und No. 44 doppeltverminderter Dreiklang mit verminderter Sept?

Im Hinblick auf *C* I sind ja alle Intervalle nur absolute, unser Quadrat thut uns hierbei die besten Dienste. Wir treffen ausser unseren bisherigen Formen einige mehr, und zwar ist diese Basis besonders reich an Dissonanzen, so wie an Mehrdeutigkeiten, wenn wir nämlich grosses Gewicht auf Namen legen wollen; so wäre gleich Fig. 43 ein grosser Septaccord des Generalbasses und zwar von *Ges* I.

Wir lernen somit noch folgende mehr oder minder dissonirende Vierklänge kennen und zwar:

1, Harter Dreiklang auf IV Fig. 37.

2, übermässig grosser Vierklang (von *Ges*. I) Fig. 38.

3, Hauptvierklang IV *dur* Fig. 39.

4, Hauptvierklang V (von *B* I) Fig. 40.

5, grosser Vierklang *dur* Fig. 41.

6, *moll* Dreiklang auf IV Fig. 42.

7, grosser Vierklang (von *Ges* I) Fig. 43.

8, Hauptvierklang IV *moll* Fig. 44.

9, Hauptvierklang IV *moll* von *Es* I Fig. 45.

10, grosser Vierklang *moll* Fig. 46.

11, übermässiger Dreiklang auf IV Fig. 47.

12, übermässiger Vierklang auf IV Fig. 48.

13, übermässiger Vierklang (von *B* I) Fig. 49.

14, übermässig grosser Vierklang (von *B* I) Fig. 50.

Alle diese verschiedenartigen dissonirenden Vierklänge können zunächst nur im Hinblick auf *C* I betrachtet werden, wenn ihre sonstige Form noch so sehr wo anders hin drängt.

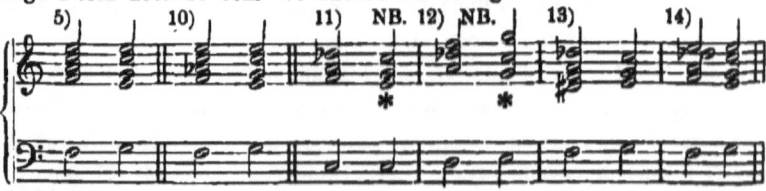

---

*) Die mit NB. bezeichneten Accorde dürften als weniger praktisch anzusehen sein. Keine Regel ohne Ausnahme.

Die Schritte der Intervalle sind uns bekannt.

Die Einheit bleibt unangetastet stehen, die 6 geht herab nach V, die IV als Neutrum verdoppelbar geht nach 3 und V, oder springt nach I, ebenso geht ♭6 herab nach 5 — aber 6 springt auch nach I.

Unter (m) eine wenn auch korrekte doch schwache Auflösung, da der Bass statt zur Hauptstufe V *g* zu schreiten nach *e* herabgeht.

Unter diesen verschiedenartigen Schritten verdienen die den Vorzug, die zu einer Hauptstufe führen, so ist unter (z) der Schritt schwach, stärker schon der unter (x).

Alle diese Schritte, die zur Einheit führen, sind nichtsdestoweniger nicht völlig befriedigend, sie erwarten noch den Abschluss auf der Basis VII—IV, doch davon später bei den Schlussfällen.

———

Wir haben somit 3 verschiedene Basen kennen gelernt: I—♯IV; VII—IV; I—IV. Sie gaben uns eine Ausbeute der mannigfaltigsten Accorde. Es erübrigt nur noch einige Worte über das 3. Quadrat zu sagen, über das auf der Stufe V: *g b des e*. Es ist für *C* I minder verwerthbar, und kann blos in direct angewendet werden. Während alle Formen bisher direct nach *C* I mündeten, ist bei diesem ein directer Schritt unmöglich, es muss vielmehr auf der Stufe V der Hauptvierklang dargestellt werden, um nach *C* I zu gelangen.

In den Ausnahmsschritten (*a b*) sehen wir *b* für *h* VII in die Basis eintreten, doch ist der Schritt immer ein getrübter; ♭7 ist blos als Stellvertreter für *h*7 (*c*) aufgetreten. Unter (*m*) die absoluten Intervalle ür *G* I, unter (*n*) für *F* I. Unter (*x*) unmöglicher directer Schritt, unter (*y*) indirecter Schritt durch den Hauptvierklang; unter (*z*) die Orthographie von *G* I.

———

§ 6.

Das Gesetz der Einheit.

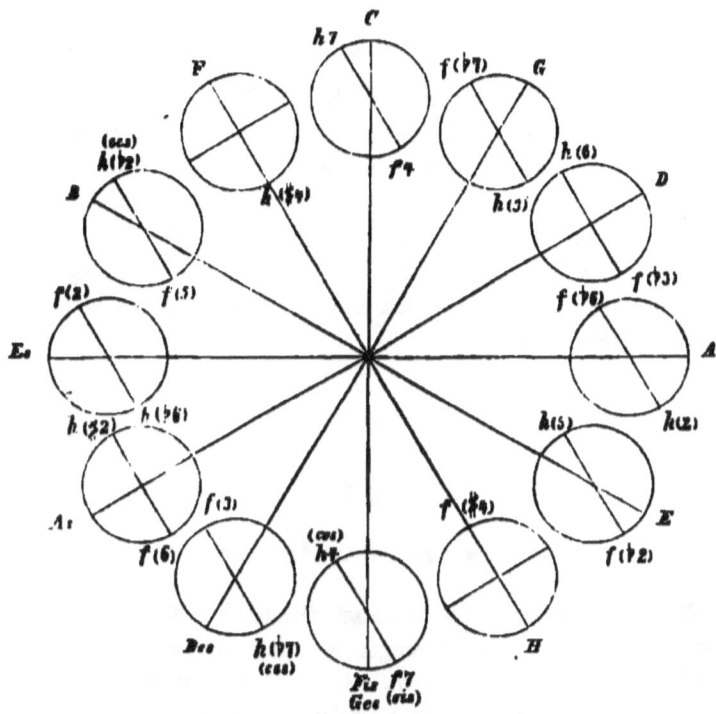

Auf diesem Schema lässt sich Folgendes ersehen. Die beiden Töne $h — f$, obschon stets im Verhältniss 1—7 einen Tritonus bildend (10mal zufällig, 2mal absolut), repräsentiren laut Figur in jeder Einheit andere absolute Intervalle, ihr Charakter ist somit stets ein anderer im Hinblick auf die jedesmalige Einheit, die ich im Auge habe.

Die durch Linien vereinten Gegensätze bilden in der That Gegensätze; z. B. C I und Fis I.

Ist C die Einheit, so ist Fis als Gegensatz der Tritonus ♯IV, und zwar absolut; ist Fis die Einheit, so muss C oder his der absolute Gegensatz, der Tritonus ♯IV sein, somit sind auch alle übrigen Intervalle Gegensätze.

Ist unsre Basis VII—IV in *C* I *h—f*, so wird diese Basis in *Fis* I *f—h* sein müssen. Die Orthographie richtet sich nach der Tonart.

C I:	*Fis* I:	*Ges* I:
VII—IV	VII—IV	VII—IV
h—f	*eis—h*	*f--ces*

Man betrachte zugleich die Einheit in der Zeichnung der 3 Quadrate: *h d f as, c dis fis a, g b des e*, laut Schema.

Wir sehen unsere 12 Einheiten im Tonreiche in ihrer Solidarität sich bewegen um das Urgesetz der Einheit nach dem Gesetz der Nothwendigkeit; sie alle dienen dem einen Zwecke, dem Selbstzwecke, der in der Tonwelt liegt, es waltet hier eine höhere Einheit, die Einheit der Ordnung, der alle 12 Töne gehorchen müssen, einer Ordnung, der sie sich willig fügen, da alle solidarisch verbunden, gleichberechtigt — gleichverpflichtet sind.

---

§ 7.

Von der Verwandtschaft.

Man hat die Verwandtschaft nach Graden abgetheilt vom 1. bis 7. Grad, und hat daraus Folgerungen gezogen, wiefern diese oder jene Modulation erlaubt sei oder nicht. So ist *C dur* mit *F dur* und *G dur* im ersten Grade verwandt laut Vorzeichnung nach diesem Schema:

6♭	1♯	4♭	3♯	2♭	5♯	0	5♭	2♯	3♭	4♯	1♭	6♯
Ges	*G*	*As*	*A*	*B*	*H*	*C*	*Des*	*D*	*Es*	*E*	*F*	*Fis*

Des	*Es*	*F*	*G*	*A*	*H*	*C*	*D*	*E*	*Fis*	*As*	*B*
5♭	3♭	1♭	1♯	3♯	5♯	0	2♯	4♯	6♯	4♭	2♭

Aus den Vorzeichnungen will man auf die nähere oder entferntere Verwandtschaft, und auf die Zulässigkeit, dahin zu moduliren, schliessen. Die Praxis weist jedoch nach, dass die fernsten Modulationen sich ganz leicht bewerkstelligen lassen, ohne erst lange bei der Verwandtschaft um Erlaubniss zu fragen. Unser Quadrat giebt den augenscheinlichsten Beweis; ich darf nur den Gegensatz zu I, den Tritonus ♯IV, zur Einheit erheben, und ich habe schon dahin modulirt.

Ohne lange nach Verwandtschaft zu fragen, wissen wir, dass vermöge Solidarität unser Wille frei ist. Wir haben nur die Einheit in ihren Gegensatz vertauscht, und somit mussten auch alle absoluten Intervalle andere werden. Unsere Einheit begründet Alles.

Der Generalbass gibt die Erlaubniss, durch den „verminderten Septaccord nach *Fis* gehen zu dürfen“, ohne es zu begründen, während unser I Alles sagt.

Recht eindringlich zeigt sich dies in Figur 23.

Intervalle und Orthographie sind andere geworden nach der gedachten Einheit, wesentlich sind aber nur die Intervalle, unwesentlich dagegen ist die Orthographie.

Jedes Intervall ist mit der neuen Einheit vertauscht in seinen Gegensatz:

		h	des	f	g
in	C I:	7	♭2	4	5
in Ges	I:	4	5	7	♭2.
in Fis					

Diese dreierlei Orthographie ist nur denkbar innerhalb einer bestimmten Tonart; so wird in *Ges* I die Orthographie unter (*m*) nöthig sein, iu *Fis* I die unter (*n*); wenn ich aber von *C* aus frappant nach *Fis* oder *Ges* moduliren wollte, so müsste consequent die Orthographie unter (*x*) auch die von (*z*) sein dürfen, ohne dass wir erst pedantisch die Orthographie der bezüglichen Tonart herzustellen brauchten, ein Gedanke, der Vielen vielleicht anstössig erscheinen könnte.

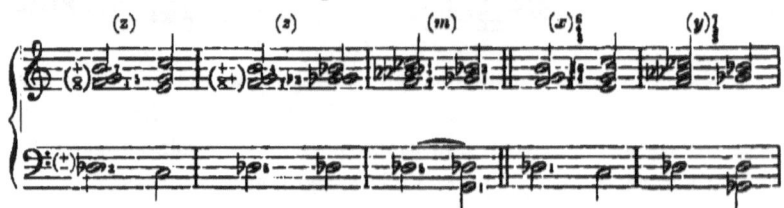

Unter (*z*) gleiche Orthographie für *C* I und *Ges* I; unter (*m*) eigentliche Orthographie; unter (*x*) die Bezifferung des Generalbasses für *C* I, unter (*y*) die für *Ges dur*.

Wollen wir mit dem Hauptvierklang *g h d f* nach *Fis* I gehen, so entstehen zufällige „verbotene Quinten", die die Praxis seit neuester Zeit erlaubt, während sie früher umgangen wurden.

Unter (*x*) Verdoppelung der Quarte *h*, die als Neutrum verdoppelbar, und als solches auf- und abwärts schreiten kann; unter (*m*) Anticipirung der anstössigen Quinte; unter (*n*) förmliche Umgehung durch Gegenbewegung, längst abgebraucht.

Anmerkung. Die eingeklammerten ⨯ + wollen sagen, dass die Qualität der einzelnen Töne stets eine andere wird; der geneigte Leser erinnere sich, dass wir mit + eine Dissonanz, mit ⨯ ein Neutrum bezeichnet haben.

Wollte ich die Lage wechseln, so wären zwar die Quinten vermieden, allein es wäre der Schritt nicht so befriedigend in der Terzlage (*m*) der Einheit, ebensowenig in der Quintlage (*n*).

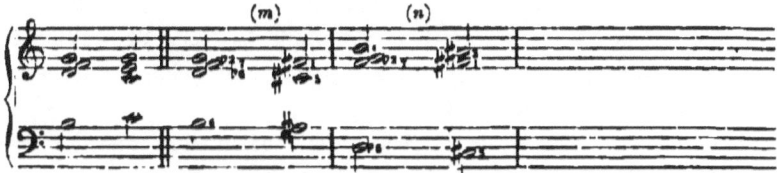

Daraus geht zur Genüge hervor, dass unsere Einheit es ist, die mit den neuen absoluten Intervallen uns auch neue **Kon-** und **Dissonanzen** gibt. Bezüglich der Quinten aber lässt sich der lange Streit über deren Zulässigkeit dahin schlichten, dass es nie absolute Intervalle sind, die uns in Verlegenheit bringen können, sondern dass nur das zufällige Intervall dabei in Betracht kommt, das durch verschiedene Mittel, wie bereits angegeben, unserem Ohre zugänglich gemacht werden kann.

Die Verwandtschaft in unserem Sinne richtet sich nicht nach Vorzeichnung mit ♯ und ♭; je weniger Vorzeichnung, desto wohlthuender, und umgekehrt, sonst müsste eine Modulation nach 2♯ oder 2♭ näher liegen als nach 4♯ oder 4♭.

In inniger Verwandtschaft mit *C* I (0♯, 0♭) steht allerdings *F* I (1♭) und *G* I (1♯); das liegt jedoch im Quintenverhältniss. Analog steht dagegen *Fis dur* (6♯) mit *H dur* (5♯) und *Cis dur* (7♯) in diesem Verhältniss, sowie *Ges dur* (6♭) mit *Ces dur* (7♭) und *Des dur* (5♭). Die Vorzeichnungen bieten uns einen schwachen Anhaltepunkt, da ist die Nachfrage um die 3 Hauptstufen viel sicherer. Ich brauche nur die beiden Hauptstufen IV und V zu I aufzusuchen, und ich habe die nächste Verwandtschaft.

Wir werden beim Stufentausch das Weitere bringen.

Wir haben zu Anfang dieses § in der Modulation von *C* I nach *Fis* I den Austausch der Gegensätze aller Intervalle nachgewiesen, wodurch ein frappanter Uebergang hergestellt wird.

$$
\begin{array}{cccccccccc}
c & dis & fis & a & = & C\ \mathrm{I}; & c & dis & fis & a & = & Fis\ \mathrm{I} \\
1 & {}^{\natural}2 & {}^{\sharp}4 & 6 & & & {}^{\sharp}4 & 6 & 1 & {}^{\natural}2
\end{array}
$$

Wir bleiben auf der Basis I—♯IV, nur sind die Gegensätze vertauscht.

Vertausche ich dagegen die Basen, so wird die Modulation eine
minder frappante sein, sie wird ganz leicht und ungezwungen vor sich gehn.

$$c \quad dis \quad fis \quad a = C\,I; \quad c \quad dis \quad fis \quad a = G\,I$$
$$I \quad {\flat}2 \quad {\sharp}4 \quad 6 \qquad IV\,{\flat}6 \quad 7 \quad 2$$

Wir haben uns von der Basis I—♯IV nach der Basis VII - IV bege-
ben, oder wir sind von $C\,I$ nach $G\,I$ gegangen, in die Quinte der früheren
Einheit, oder wir haben $C\,I$ jetzt als IV betrachtet.

Sobald wir also I als IV betrachten, beschreiten wir (V) den
Quintenzirkel; sobald wir die IV zur Einheit machen (I), beschreiten
wir den Quartenzirkel; die frühere I wird V. Die 3 Stufen I, IV, V
stehen in einiger Wechselwirkung.

----

§ 8.

Von den Umkehrungen.

Wir sagten längst: Umkehrungen könnten an dem Wesen eines Accordes nichts ändern; wenn auch zufällig verschieden, würden die
absoluten Intervalle nicht im Mindesten davon berührt. Allein es ist
wohl ein Unterschied und zwar formeller, ästhetischer Natur.

Wenn jeder Dreiklang auf seiner Einheit ruht, so ist es auch natürlich, dass diese Einheit im Basse steht, eine Umkehrung oder andere
Basslage hat daher ein anderes formelles Gepräge, was jedoch an dem
ganzen Wesen nichts ändern kann. Denke ich die drei Zahlen 1, 2, 3,
so wird I die Einheit bleiben, ob ich auch setze: 2, 3, 1, oder 3, 1, 2.
So auch, wenn im Dreiklang $c \; e \; g$ bald e, bald g im Basse steht.

I 3 5

Diese Umkehrungen beziffert der Generalbass unter (z) nach ihrer
äusseren zufälligen Form; die erste Umkehrung ist ihm Terzsext- oder
Sextaccord, die 2te der Quartsextaccord. Seit neuerer Zeit braucht
man häufiger den Ausdruck: 1ste, 2te, 3te Basslage, oder Lage schlechtweg.

Dieser letzteren Benennung, der auch wir beipflichten, ungeachtet, besteht aber die Begriffsverwirrung fort, es herrscht immer nur das zufällige Intervall.

Bei den sogenannten Septaccorden wird eine Lage mehr sein, als beim Dreiklang.

Diese viererlei Lagen, die doch nur immer die nämlichen absoluten Intervalle zu *C I* aufweisen, benennt und beziffert der Generalbass wie unter (*s*) als: 1) Septaccord;

             2) Terzquintsextaccord;

             3) Terzquartsextaccord,

             4) Sekundquartsextaccord (Sekundaccord).

Dass dabei correct im Sinne unserer absoluten Intervalle verfahren wird, ist nicht denkbar; es ist aus den Ziffern nicht zu entnehmen, ob die Septe gross oder klein, die Quarte rein oder erhöht sei; eine solche ungenaue Bezifferung verfehlt darum schon ihren Zweck. Die Konsequenzen, die daraus hervorgehen, sind ebenso unwahr, nichts beweisend, da die Begriffe über Kon- und Dissonanzen vollends confus werden müssen. (Vergleiche § 3 des ersten Theils.)

Was haben wir gewonnen mit diesen verwirrenden Namen? Der Charakter einer jeden Umkehrung liegt jedoch nicht im Namen, es ist und bleibt uns ein Mysterium, warum eine jede dieser 4 Lagen eines Hauptvierklangs einen anderen Ausdruck hat, der sich gar nicht definiren lässt.

Schon die verschiedene Oberlage, die enge oder zerstreute Lage, die tiefe oder hohe Lage eines Accordes sind ebenso viele undefinirbare Nuancen einer Farbe, die sich mit Namen nicht wiedergeben lassen.

Ein Vierklang lässt sich 24mal combiniren, ein formeller Reichthum gegenüber den nur 4 absoluten Intervallen.

Unter *x*) einige zerstreute Lagen. Die Praxis gibt uns einige Winke für eine effectvolle Lage, sie setzt jene Intervalle, die zur Terz des Dreiklangs führen, somit auch die Terz gern in eine höhere Lage, ein Verfahren, welches der Natur der Akustik abgelauscht ist. Eben diese gibt uns auch die Winke für Verdoppelungen.

---

§ 9.

Von der Mehrstimmigkeit.

Es ist eine allgemeine Regel, dass Konsonanzen sich verdoppeln lassen, Dissonanzen nicht. Nachdem aber der Generalbass ganz andere Begriffe hat von Konsonanzen und Dissonanzen, wie kommt es, dass er keine Fehler begeht, dass seine Schritte doch correct sind trotz der falschen Ansicht?

Sein Schild ist die verbotene Octave. Ohne diese Aegide müsste er stets Fehler begehen.

Wenn *e* als Terz (*m*) dem Generalbass Konsonanz ist, warum schreibt er wie unter (*x*)? Blos um der Octave (*m*) auszuweichen.

Wenn unter (*n*) *h* als Terz Konsonanz ist, so verdoppelt er sie darum nicht und ebenso wenig den Bass *g*, nach seiner Ansicht ebenfalls Konsonanz, um diesen Doppeloctaven auszuweichen.

Aus derselben Octavenscheu verdoppelt er nicht unter (*z*) seinen Bass *g* und seine Quinte *d*, obschon sie nach seiner Idee konsoniren. Unsere Einheit dagegen lässt uns die Qualität aller Intervalle stets richtig erkennen, so dass wir nur stets die wahren Konsonanzen verdoppeln werden.

Die Einheit als Urkonsonanz verdoppelt sich in der Octave (ja in mehreren Octaven in der Mehrstimmigkeit), dann folgt in zweiter Reihe die Quint, dann die Terz. Sobald jedoch die Einheit V wird, wird die Terz 7, Leiteton, und lässt sich nicht verdoppeln, dagegen schreitet die verdoppelte Quint als 2 auf- und abwärts. Diese Regeln gelten blos für den 4stimmigen Satz. Im mehrstimmigen spielt die melodische Verdoppelung eine Rolle.

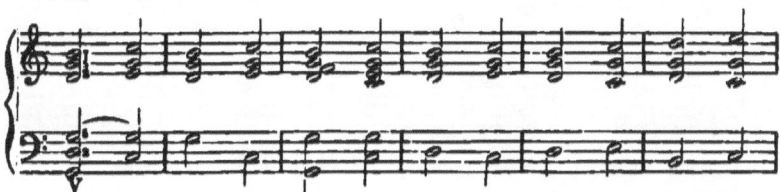

Eine Verdoppelung, die den Dreiklang 4stimmig macht, lässt sich begreiflich nicht beim Vierklang anwenden im reinen 4stimmigen Satze. Der Hauptvierklang macht meistens den Dreiklang 4stimmig. Es gibt jedoch Fälle, wo er nicht vierstimmig erscheint, wo die Vierstimmigkeit verstösst gegen die seitherige Theorie, wo nämlich der Leiteton seinen natürlichen Schritt nach I umgeht, und zur Quinte herabspringt.

Unter *a*) normaler Schritt mit fehlender Quint; unter *b*) abnormer Schritt, von der Praxis oft gebraucht; unter *c*) vierstimmiger Zweiklang ohne Quint; unter *d*) doppeltkleiner Dreiklang nebst vollkommenem Dreiklang; unter *e*) die Terzlage des früheren Dreiklangs.

Wo der reine vierstimmige Satz nicht herrscht, ist durch Fünfstimmigkeit des Hauptvierklangs diesem Dilemma leicht abgeholfen.

Unter *x*) fünfstimmiger Dreiklang. Wir haben bereits § 7 ein Beispiel von melodischer Verdoppelung aufzuweisen. Im reinen vierstimmigen Satze wären diese Verdoppelungen selbstverständlich unmöglich.

Diese Verdoppelungen unter (*m*) sind melodischer Natur.

Wir haben zunächst immer nur den vierstimmigen Satz im Auge, über Drei- und Zweistimmigkeit später.

— · —

§ 10.

Der Charakter der Dreiklänge.

Es ist bekannt, dass der Dreiklang eine Verbindung ist von zwei Terzen. Wir haben eine grosse und eine kleine Terz aufzuweisen. Die Verbindung von zwei ungleichartigen Terzen gibt uns eine reine Quinte; die Verbindung zweier kleiner Terzen eine sogenannte falsche Quinte, erhöhte Quart, Tritonus; die Verbindung von zwei grossen Terzen eine übermässige Quinte oder kleine Sexte.

Terz.	Terz.				
gross,	klein:	c	e	g	hart, *dur*; (gross).
		I	3	5	
			(1)	(♭3).	
klein,	gross:	c	es	g	weich, *moll*.
		I	♭3	5	
			(1)	(3)	
klein,	klein:	c	es	ges	klein; (vermindert).
			dis	fis	
		I	♯2	♯4	
			(♭3)	(♭5)	
gross,	gross:	c	e	gis	übermässig.
				as	
		I	3	(♯5)	
				♭6.	

Wir haben somit viererlei Dreiklänge. Zwei konsoniren, d. h. sie befriedigen uns in ihrer Erscheinung, während zwei dissoniren, uns unbefriedigt lassen.

Wir begegnen dreierlei Quinten, obschon die Akustik uns nur die reine gegeben. Wir nehmen deshalb für die sogenannte falsche Quinte das Intervall: ♯4, und für die übermässige Quinte das Intervall: ♭6.

Wenn wir um den Grund der Konsonanz bei *dur* und *moll* fragen, so können wir ihn nur finden in der Verbindung von Ungleichartigem, während Gleichartiges dissonirt. Nehmen wir hiezu das Bild der Ehe.

Terz,	Terz:		
gross,	klein:	Mann — Weib — *dur* —
klein,	gross:	Weib — Mann — *moll* —
klein,	klein:	Weib — Weib — klein (falsch);
gross,	gross:	Mann — Mann — übermässig.

Zwischen beiden letzteren ist eine konsonirende Ehe unmöglich. In *dur* herrscht der Mann, in *moll* das Weib.

Ohne hier eine absolut ernst gemeinte Parallele aufstellen zu wollen, sehen wir doch in der Natur überall Analogien, die auf das Walten einer höheren Einheit hinweisen.

Wir haben 12 *Dur*- und 12 *Moll*-Tonarten; jeder unserer 12 Töne kann Einheit sein, diese ist entweder *dur* oder *moll*.

Auf jedem unserer 12 Töne wird aber auch ein kleiner und ein übermässiger Dreiklang Platz greifen dürfen, allein er kann nicht darauf ruhen, er sehnt sich vielmehr nach der Ruhe von *dur* oder *moll*, er muss sich irgendwohin auflösen. Sobald ich in *C* I sein will, kann dies nur *dur* oder *moll* sein; wir wissen aber, dass es noch andere

Dreiklänge daselbst gibt, auf den anderen Stufen von *C*. Diese müssen sonach dieser Einheit *C* untergeordnet sein; wenn auch alle sonstigen 11 harten oder weichen Dreiklänge analog wie *C dur* oder *moll* gebildet sind, so sind ihre Intervalle doch nur die absoluten Intervalle von *C* I.

Wenn ein harter Dreiklang aus zweierlei Terzen besteht, die zusammen eine reine Quinte ausmachen, und ich denke mir einen harten Dreiklang auf der V. Stufe von *C* I, also auf *g*, so wird seine Terz *h*, seine Quint *d* heissen, ohne dass jedoch diese Intervalle aufhören, die absoluten Intervalle von *C* I zu sein. Wenn auch dieser harte Dreiklang konsonirt dem Ohre nach, so wird er doch nur scheinbar konsoniren, da die wahre Konsonanz nur *C* I sein kann. Dieser Dreiklang schreitet nicht als solcher nach *C* I, sondern es schreitet jeder Ton für sich nach *C* I nach dem Gesetze der Einheit.

Wenn wir uns auch alle übrigen Dreiklänge in *C* I denken, so wird keiner so gefügig sein wie der auf den Hauptstufen IV und V. Ich mag mir einen Dreiklang wie immer auf irgend einer Stufe in *C* I denken, im Momente des Fortschreitens nach *C* I löst sich der Charakter des bezüglichen Accordes sofort auf in die absoluten Intervalle der betreffenden Einheit, zu der er fortschreiten soll, und zwar in die absoluten Intervalle von *C* I.

Wenn wir sagen, der Accord auf der V. Stufe von *C* I könne unmöglich 1, 3, 5 sein, wie der Generalbass behauptet, so verfahren wir nur logisch dabei; denn Niemand wird leugnen wollen, dass von *g* nach *h*, oder von 5 nach 7 auch eine grosse Terz, ist, so wie von *h* nach *d*, oder von 7 nach 2 eine kleine Terz, mit einem Worte, dass diese Intervalle zufälliger Natur sein müssen.

Unter (2) die Bezifferung des Generalbasses.

Es dürfte bereits klar sein, dass die Zahlen des Generalbasses, trotzdem sie den unseren gleich sind, doch nichts gemein haben mit ihnen, wir haben zufällig den 'gleichen Bass; darum sind zufällig seine zufälligen Intervalle unsere absoluten.

Es lässt dagegen sich aus diesen beiderseitigen Zahlen ersehen, dass unsere absoluten sich nur auf *C* I beziehen, während die des Generalbasses nur auf den zufällig unten stehenden Bastton.

— —

§ 11.

Der Charakter der Vierklänge.

Der Vierklang entsteht aus dem Dreiklang, wenn man nach dem Generalbass schablonenhaft oben oder unten eine Terz zusetzt. Wir kennen bereits das bedeutsame Quadrat und was sich Alles von Vierklängen aus ihm darstellen lässt. Wir kennen unsere drei verschiedenen Basen, auf denen sich die verschiedenartigsten Vierklänge ergeben. Allein unser Material ist damit noch nicht zu Ende.

Wenn wir den Dreiklang *dur* als ein Bild der Ruhe finden, bei aller Energie, die sich in der grossen Terz ausspricht, sowie den Dreiklang *moll* als das Gegenbild der Passivität, der übrigen Dreiklänge (klein und übermässig) nicht zu gedenken, so wissen wir bereits, dass alle seitherigen Vierklangsformen das Bild der Abhängigkeit beurkunden, und zwar auf allen 3 Basen. Wir kommen zurück auf eine Form, die als Abweichung von unserer Basis I—IV auftritt, es ist dies der

Septaccord des Generalbasses mit grosser Sept, der sich bei uns folgendermassen kennzeichnet. Figur 41.

Im Hinblick auf unsere Einheit kann dieser stärker dissonirende
Vierklang als letzte Ausschreitung der Figur No. 40 §5 gedacht werden
(*f a c dis*) *f a c e*, (*x*) oder auch als melodischer Vorhalt von Fig. 39
  4 6 I ♯2   4 6 I 3

(§ 5) *f a c d*, (*y*); ebenso für *C* I *moll* (*z*).
   4 6 I 2.

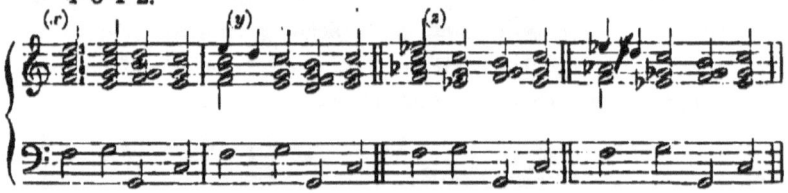

Wir wissen, dass durch Alterirung der mittleren Töne eines Quadrats neunerlei Combinationen möglich sind von verschiedenem Ausdruck und Charakter. Es bewährt sich abermals der Grundsatz, dass
Ungleichartiges uns mehr anmuthe als Gleichartiges. Betrachten wir
die dreierlei Gattungen doppelseitiger Dreiklänge auf der Basis VII—IV
in ihrem Zusammentreten zu Vierklängen, so finden wir, dass uns die
Combination „klein und doppeltklein" mehr konvenirt für *C* I, als die
übrigen.

doppeltklein   klein   hartklein
h des f   *h d f*   *h dis f*
f g h   *f as h*   *f a h*
     h d f
   f g h = g h d f (Hauptvierklang).

Dieser Hauptvierklang konvenirt uns mehr als: *g h des f* und
g h dis f.

Ebenso mehr *h d f*   *f a h = h d f a*
     (kleiner Vierklang) als *h des f a* und *h dis f a*.

Ebenso mehr *h d f*
       f as h = h d f as (Quadrat) als *h des f as*.

Wie ganz anders aber stellt sich die Sache, wenn wir einen Tausch
machen, und den Vierklang *h des f as* nach *Ges* I beziehen statt nach *C* I.

Darum sind nicht allein die verschiedenen Klänge schon formell
verschieden, sie werden es abermals durch ihre Beziehung auf eine
neue Einheit.

Der Generalbass kennt die beiden Dreiklänge:

„Doppeltklein und Hartklein"

$$f \; g \; h \qquad\qquad f \; a \; h$$

blos als elliptische Dreiklänge.

Er kennt blos die Urformen:

$g \; h \; d \; f$ Septaccord der   V. Stufe

$h \; d \; f \; a$ —   — VII. Stufe,

bei denen der Ton ~~gewisse~~ d ausgelassen ist.

Wenn der Vierklang: $h \, d \, f \, a$ als erweitertes Quadrat ($h \, d \, f \, as$) angesehen werden kann, so der Hauptvierklang als verengtes Quadrat, dessen Sexte $\flat 6$ herabgesetzt wurde $h \, d \, f \, as - h \, d \, f \, g$.

Bei unserer Solidarität kann also das Quadrat viermal erweitert oder verengt werden. Obschon sich somit für den ersten Anblick Hauptvierklänge nach 4 neuen Einheiten ergeben durch Herabsetzung, und abermals 4 kleine Vierklänge nach 4 neuen Einheiten durch Erweiterung, so hindert uns dies doch nicht, trotzdem unsere frühere Einheit C I im Auge zu behalten. *)

1)   (as) $h \, d \, f = C$ I   ($H \cdot$ I $- \; D$ I F I)
               G .

2)   (h) $\; d \; f \; as$ $= Es$ I   (D I $- \; F$ I $- \; As$ I)
   B

3)   (d) $\; f \; as \; ces = Ges$ I   (F I $- \; As$ I $- \; H$ I)
     Des

4)   (f) $gis \; h \; d \; = A$ I   (As I $- \; H$ I $- \; D$ I)
     (E)

5) $h \; d \; f$ (as) $= C$ I (D I $= \; F$ I $- \; a$ I)
         a

6) $d \; f \; as$ (h) $= Es$ I (F I $- \; As$ I $- \; c$ I)
         c

7) $f \; as \; ces$ (d) $= Ges$ I (As I $- \; H$ I $- \; es$ I)
         es

8) $gis \; h \; d$ (f) $= A$ I (H I $-- \; D$ I $- \; fis$ I)
         fis.

Während das Quadrat $h \; d \; f \; as$ z. B. mehr eine Neigung hat
             $7 \; 2 \; 4 \; \flat 6$
nach C moll, so das erweiterte $h \; d \; f \; a$ mehr nach C dur.

Wollen wir also trotz diesen neuen Einheiten C I im Auge halten, so dürfen wir nur unsere Basis VII—IV nebst Orthographie aufrecht halten.

---

*) Dass diese Hauptvierklänge laut nebenstehenden Buchstaben noch anderweitig zu verwerthen sind, dürfte zu bemerken bereits überflüssig sein.

Wir haben in diesen 4 Beispielen nachgewiesen, dass diese 4 verschiedenen Hauptvierklänge von *Es* I, *Ges* I, *A* I doch in *C* I sich mehr oder minder gefügig verwerthen lassen. Unter 3 bei (*m*) die erlaubt verbotenen Quinte; unter (*x*) ihre Umgehung durch Auslassung des anstössigen *as* ($\flat$6) und dafür die Verdoppelung des Neutrum (f4), sein Doppelschritt nach 3 und 5.

Unter 4 bei (z) eine schwache Lösung, da die Terz schon anticipirt ist.

Versuchen wir den Doppelschritt des kleinen Vierklangs oder des erweiterten Quadrats.

Analog diesem Quadrat auf der Basis VII—IV lässt sich auch das auf der Basis I—♯IV behandeln, es wird uns nicht allein Schritte nach 4 neuen Einheiten geben, sondern trotz seiner Alterirung immer sich in *C* l verwerthen lassen.

(c) *dis fis a* = *E* l (*Es* l — *Fis* l — *A* l)
$\quad$ **H**

(dis) *fis a c* = *G* l (*Fis* l — *A* l — *C* l)
$\quad$ **D**

(fis) *a c dis* = *B* l (*A* l — *C* l — *Es* l)
$\quad$ **F**

(a) *c dis fis* = *Des* l (*C* l — *Es* l — *Fis* l)
$\quad$ **As.**

So analog das erweiterte Quadrat, wenn auch die Schritte mehr nach *G* l neigen. Vergleiche die Beispiele § 4.

Das dritte Quadrat endlich lässt sich ebenfalls so behandeln, ist aber in *C* l nur indirect zu verwerthen, d. h. es muss der Hauptvierklang von *C* l erfolgen, um nach *C* l gelangen zu können.

G   ♭ des e
V ♭7 ♭2 3

1)   (G) ais cis e = H 1 (B 1 — Des 1 — E 1)
      Fis

2)   (b) cis e g = D 1 (Des 1 — E 1 — G 1)
     A

3)   (des) e g b = F 1 (E 1 — G 1 — B 1)
     C

4)   (e) g b des = As 1 (G 1 — B 1 — Des 1)
     Es

So analog wird sich auch das erweiterte Quadrat (der kleine Vierklang) zu diesen 4 neuen Einheiten behandeln lassen mit Rücksicht auf
unsere Einheit *C*.

Betrachten wir die Orthographie unter *(m)*, *(n)*, so ist jede richtig,
bin ich in *H* I und will nach *C* I gehen, so brauche ich nicht erst die
Orthographie für *C* I unter *(n)* herzustellen, das wäre pedantisch, wir
dürfen vielmehr annehmen, dass die Orthographie unter *(m)* Stellver-
treterin sei der unter *(n)*.

Durch unsere 3 Momente beweisen wir hiermit Doppeltes; einmal,
dass ein Vierklang eben so gut da ist solidarisch für alle 12 Einheiten,
aber auch alle übrigen 11 Einheiten für eine einzige, denn unsere Tonwelt, wenn auch zwölffach, ist ja doch eine einzige.

---

§ 12.

Enge Modulation.

Modulation ist Ton- oder Accordverbindung.

Unter enger Modulation verstehen wir blos die Verbindung der
„leitereigenen“ Accorde auf den 7 Stufen unserer Scala.

Unser Material ist beschränkt.

Vergegenwärtigen wir uns die Figur No. 4 § 2 des I. Theils, so finden wir, dass. unsere Basis VII—IV sich auszeichnet.

Während jeder Ton auf diesem Schema ein stummes Gegenüber hat, ist diese Basis aufrecht erhalten, sie manifestirt sich sogleich als bedeutsam.

Wir haben ein ganz einfaches Material aufzuweisen:

I   II   III   IV   V   VI   VII°

3 harte Dreiklänge auf I IV V

3 weiche   —   —   VI II III (I IV V)

1 kleiner Dreiklang auf VII°.

Es gab eine Zeit, wo nur dies Material existirte, sogar der kleine Dreiklang wurde ausgeschlossen, nicht einmal der Hauptvierklang auf V wurde zugelassen. Allmälig jedoch wurden grössere Freiheiten erkämpft, es kamen die Vierklänge dazu.

Es sind die Septaccorde des Generalbasses. Sie sind schablonenhaft nach dem Hauptvierklang der V. Stufe (der auf der Basis VII—IV ruht, gebildet. Mit Ausnahme des kleinen Vierklangs (und unserer 2 elliptischen Dreiklänge) ruht kein sonstiger Vierklang auf dieser Basis.

Dies offenbar beschränkte Material musste lange genügen, da die gleichschwebende Temperatur noch nicht erfunden war, wo man manche Töne wirklich nicht hatte, und sich wirklich nur in *C dur* und den angrenzenden Tonarten bewegte.

Der Generalbass nimmt noch immer angesichts unseres Gesammtmaterials von 12 Tönen die siebentönige Scala zur Basis seines Systems, er hat sich eine unnöthige Beschränkung auferlegt, die es ihm schwer macht, andere Formen, die doch nur im Gesammtmateriale wurzeln, unterzubringen. *)

Die Art und Weise, wie unser ganzes Tonmaterial in gegenseitigen Verkehr tritt, heisst: Tonverbindung, M o d u l a t i o n.

---

*) So kann z. B. ein Marx nicht begründen, wie die Modulation vom sogenannten Septaccord von *C dur* nach *H dur* vor sich gehe.

Die Modulation ist eine dreifache:

> enge,
>
> weite,
>
> weiteste Modulation.

Jede Art wird bewerkstelligt auf dreifache Weise. Es gibt nämlich dreierlei Verbindungswege, basirt auf dreierlei Verhältnisse, die uns entgegentreten.

a) Der Terzenweg,

b) der Quintenweg,

c) der Sekundenweg.

Jeder dieser drei Wege ist verschiedenen Charakters, der vorzüglichste darunter ist der Quinten - oder Schlussfallweg.

— — —

§ 13.

Der Terzenweg.

Er ist basirt auf das Terzverhältniss. Wenn wir in der Scala terzenweise auf- oder abgehen, so stossen wir auf die dreierlei Dreiklänge zunächst: hart, weich, klein.

Gehe ich hinab im Terzenschritt, blos die Scala im Auge, so folgt auf *C* I — *A moll*, — *F dur*, — *D moll*, — *h klein*, — *G dur*, — *E moll*, — *C dur*; ich muss alle 7 Stufen der Scala berühren.

Gehe ich abwechselnd in grossen und kleinen Terzen hinab, so gelange ich durch den Quartenzirkel in alle 12 Tonarten *dur* und *moll*.

Wir nennen diess weite Modulation.

Gehe ich in grossen Terzen hinab, so gelange ich in die weiteste Modulation.

Unter *a*) grosse Terzen, die vereint den Urdreiklang geben *c e as.* Unter *b*) Modulation in die Quinte *G*, es ist *C* scheinbar unsere Einheit, denn es ist der leiterfremde Ton *fis*, die VII. Stufe von *G*, eingeführt desshalb lässt sich *C* nur als IV fühlen; wir befinden uns in *b*) in weiter Modulation gegen *C* I; in enger gegenüber *G* I.

Hiermit haben wir nun nichts Neues gebracht, es ist diese Terz- verbindung das älteste Modulationsmittel. Bei Terzenschritten des Basses bleiben 2 Töne liegen, indess der 3te Ton Sekundenschritte auf- wärts macht in die Octave des Basses. Das genügt uns jedoch nicht; wir lernen ein neues Moment kennen: Die Sondereinheit.

§ 14.

Die Sondereinheit.

Wenn C unsere Einheit ist, von der wir ausgehen, so macht sich
schon bei der ersten Bewegung, dem ersten Schritt nach A moll, eine
neue Einheit geltend, die wir im Hinblick auf die Ureinheit, von der wir
ausgehen, Sondereinheit nennen müssen. Wollten wir in A I bleiben,
A moll zur Haupteinheit erheben, so würde dieser Schritt nach A I
der Schritt sein von der Sondereinheit C dur in die Haupteinheit
A moll. Das Ganze ist relativ; allein was geschieht bei diesem einfachen
Terzenschritte herab? So einfach er ist, so kann ihn doch nur unsere
Anschauung wahrhaft erklären.

Wir stützen uns auf unsere 3 Momente, diese machen uns die Sache
leicht. Sobald ich den Willen habe, von C aus nach A moll zu gehen,
wandeln sich die absoluten Intervalle von C I in die von A I, die
gedachte Einheit A I veranlasst mich, allsogleich diese 3 Töne c e g.
auf A I zu beziehen, die Gruppe 1, 3, 5 ist eine zufällige geworden,
denn im Hinblick auf die gedachte Einheit wandeln sich diese 3 Töne
in absolute Intervalle der neuen Einheit A moll, die Schritte jedes einzelnen Tones fliessen aus der gedachten Einheit.

Diese Zahlen, die logischen Ergebnisse der jeweiligen Einheit,
sind in jeder Lage dieselben. Wir entnehmen, dass nicht allein der
Bass terzenweise Sprünge macht auf- und abwärts, sondern dass hiebei
stets neue absolute Intervalle zum Vorschein kommen.

Obwohl c s liegen bleiben, bleiben sie nicht als 1, 3 liegen
sondern als ♭3, 5. — Die Terz wird aus einer absoluten eine zufällige,'
denn die Wesenheit ist eine andere geworden. G, 5 wird jetzt ♭7, um
als solche aufwärts zu I zu schreiten. Der Bass in seinem Terzensprung
beweist, dass eine kleine Terz nach I herab gehen kann.

Im Hinaufweg sind wieder andere Verhältnisse; der Bass in seinem Terzensprung beweist, dass die Sexte zu I sich bewegen, oder aber auch zu 5 herabgehen kann. Die Sexte *a* ist uns eine verdoppelbare, unvollkommene Konsonanz.

Unter 4) sehen wir sogar den Schritt von *g* ♭7 in die kleine Terz *c* — die liegenden Töne *c*, *e* sind wieder aus ♭3, 5 die absoluten Intervalle von *C* I geworden, nämlich 1, 3; es geht also stets ein beständiger Stufentausch vor; ob die Töne liegen bleiben, schreiten oder springen, es entstehen stets neue Intervalle.

Dieser einfache Schritt von *C dur* nach *A moll* zeigt uns den inneren Organismus herabgehender Terzverbindungen, der von *A moll* nach *C dur* den Organismus aufwärts gehender Terzenschritte.

Somit weist eine Kette auf- oder abwärts gehender Terzenschritte in enger Modulation ausser der Ureinheit, von der ich ausgehe, zu der ich wieder zurückkehren will, 6 Sondereinheiten auf, die jedoch alle Haupteinheiten werden können, wenn ich will, mit Ausnahme der VII. Stufe, die dazu untauglich ist, weil der kleine Dreiklang keine Ruhe gewährt.

Sobald ich blos C I im Auge habe, und die übrigen Stufen Sondereinheiten abzugeben haben, bewege ich mich in **enger** Modulation.

Sobald ich eine der Sondereinheiten zur Hauptstufe erhebe, bewege ich mich in weiter Modulation.

Wenn wir die enge Modulation verfolgen in ihrem Terzenschritt auf und ab, so werden wir ausser den obigen Intervallen für ♭7 die 7, und für die 6 die ♭6 eintreten sehen.

Wenn es ein Unterschied ist, ob ich terzenweise auf- oder abschreite, so wird auch der innere Organismus ein verschiedener sein.

Unter 1) wandelt sich I in 3 gross oder klein, unter 2) wandelt sich I in 6 gross oder klein.

Unter 1) die 3 in 5, unter 2) die 3 in I, unter 1) die 5 in 7 gross oder klein, unter 2) die 5 in 3 gross oder klein.

Ein ähnliches und doch verschiedenes Verhältniss waltet ob bei Terzverbindungen weiter oder weitester Modulation.

In dieser Verbindung grosser Terzen sehen wir abermals die Solidarität unserer enharmonischen Schreibweise. Wie unorthographisch wäre es, *e* als ♭6 von *As* I, *gis* als ♭6 von *C* I zu betrachten, oder *as* als grosse 3 von *E* I zu schreiben, oder *es* als 7 von *E* I, wo doch offenbar *dis* dafür stehen müsste. Es wird niemand einfallen, die Orthographie unter 2) anzuwenden, die die eigentlich richtige wäre.

Diese Terzengänge sind alle ohne eigentliches Leben, ohne Abschluss, sie lassen Etwas zu wünschen übrig, sie entbehren der **Kadenz**, des **Schlussfalls**, der auf das Quintenverhältniss basirt ist.

----

§ 15.

Der Quintenweg.

Wenn ich mir die Quinte als Einheit denke, oder die Einheit als Quinte, so entsteht eine andere Art Stufentausch, als der bisherige. Wir haben schon vorhin bemerkt beim Terzenweg, dass ein immerwährender Stufentausch vor sich geht.

Im ersten Fall (1), wo die liegende V des ersten Accordes *C* I zu I wird, geschieht wirklicher Stufentausch, wir befinden uns mit dem Generalbasse auf der IV. Stufe von *G dur*.

Zu gleicher Zeit werden aber die beiden Töne 1, 3 — jetzt 4, 6; sie sind die absoluten Intervalle von G I.

Im 2ten Fall 2), wo die Einheit Quinte wird (V), entstehen wieder neue absolute Intervalle, es wird aus 5, 3 jetzt 2, 7; wir sind in diesen beiden Fällen wirklich in G I oder F I, nur fehlt dazu noch der bekräftigende Schluss.

Im 3ten Fall 3) haben wir stets die Einheit C im Auge; wenngleich der 2te Accord der nämliche ist wie der unter 2), so sind doch bei äusserer gleicher Form seine Intervalle laut den Zahlen wesentlich andere, ebenso der Vierklang unter (x), der nur die absoluten Intervalle von C I aufweist. Wir haben zu diesem Ende die Note C eingeklammert.

Es ist stets mein Wille massgebend, wohin ich irgend einen Accord beziehen will, welche Einheit herrschen soll, somit richtet sich die Materie nach dem sie beherrschenden Geiste. Die Intervalle bei uns sind stets andere, während die Zufälligkeitsverhältnisse des Generalbasses stets die nämlichen sind, wenn er so schreibt:

Im ersten Falle 1) gleiche Vorzeichnung bei jedem Accorde, im 2ten 2) den Zufälligkeiten des Bastones Rechnung tragend.

Dieses Quintenverhältniss gibt uns die Schlussfälle, deren Bedeutsamkeit uns noch klarer werden soll; sobald die Einheit sich von der Stelle regt, geht sie gerne in die V; soll die Einheit zum Abschlusse gelangen, so kann sie es meistens nur mittelst V.

Im Hinblick auf unser I heisst allgemein der erste Schlussfall: Halbschlussfall a) I—V; der 2te dagegen: Ganzschluss, Hauptschlussfall — b) V—I.

Der unter 2) c) heisst: Plagalschluss, Kirchenschluss.

Er sieht aus wie der unter 3), wie V—I, allein da er zur alten Einheit
zurückführt, so ist er nur IV—I.

Er ist als I—IV—I der reine Gegensatz zu I—V—I. Wenn aber
der Hauptschluss einen Halbschluss voraussetzt, so auch der Plagalschluss
einen Halbschluss, den wir Nebenschluss nennen wollen.

Beiderlei Gattungen erscheinen oft zusammengezogen als I—V—I;
I—IV—I.

Unter 1) 2) erscheinen die 4 Momente: I—IV—V—I in 3 zusammengezogen: I—IV—I; I—V—I; unter 3) ist ein aus beiden Gattungen
zusammengesetzter Ganzschluss.

Der 3te Accord unter (m) ruht auf der Quinte, (der sogenannte Quartsextaccord des Generalbasses), er ist die 2te Umkehrung des Tonika-
accords, wir könnten dieses Ruhen des I auf der Quinte, diesen häu-
figen Schritt von IV nach V ganz einfach durch I bezeichnen.
$$\overset{V}{}$$

Die Schlussfälle haben gleich grosse Bedeutung sowohl im Terzen-
als im Quintenweg.

Der Terzenweg wird durch sie abgeschlossen, um die Tonart zu
bezeichnen und zu bestimmen, in der wir uns befinden wollen. Hierbei leistet der Hauptvierklang auf V (der im Grunde auf der Basis
VII—IV ruht) besondere Dienste. Sobald ein Dreiklang als Hauptvierklang erscheint, ist die Einheit schon V geworden, es ist IV zu V ge-
treten, um ein neues I aufzusuchen.

Der Generalbass schreibt oder denkt, trotzdem dass er die römi-
schen Ziffern schreibt V—I (z), doch stets die nebenstehenden Ziffern.

Sobald wir die Einheit zu V machen, haben wir in Drei- oder
Vierklängen das leichteste Modulationsmittel in den Quartenzirkel.

Unter 1) und 3) erscheint I sogleich als V; unter 2) macht sich einen Moment I geltend, um alsbald V zu werden; unter 4) verkettete Hauptvierklänge, die gar nicht zum Bewusstsein des I kommen, bis wir an einem Punkte Halt gebieten, indem wir endlich I erscheinen lassen.

In diesen Beispielen haben wir zugleich auf Melodie Bedacht genommen, wir haben die Lage gewechselt, allein das Wesentliche des Intervalls ist nicht im Mindesten davon berührt.

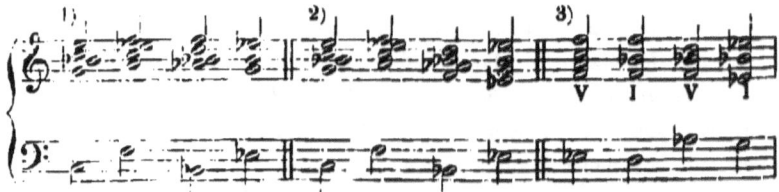

Unter 1) die normalen Schritte, unter 2) melodische Sprünge, unter 3) modificirte Bässe.

Wir sagen, dass die Schlussfälle ihre Bedeutung haben für den Terzen- wie für den Quintenweg.

Dieser Quartenweg ist der abwärts gehende Quintenweg. Wir haben gesehen, wie leicht sich moduliren lässt; ich darf nur I als V betrachten, oder den Hauptvierklang daraus machen, und die Kadenz ist fertig, ich bin von C I durch C V nach F I gegangen.

Etwas Anderes ist es, wenn ich V als I fasse; wenn auch der Stufentausch schon vollzogen ist, so fehlt doch noch der Hauptschlussfall der neuen Einheit auf V. Wir erwarten auf IV—I noch V—I.

Unter 1) 2) sehen wir eine directe Modulation mit nachfolgender Bekräftigung 2); ebenso unter 3): diese ist besser, der Bass anticipirt die V. Stufe, obschon die I darauf ruht; (Quartsextaccord des Generalbasses).

Hier bleibt unter 1) im zusammengezognen Schlussfall: IV-I-V-I: IV-V-I die IV im Basse liegen; unter 2) springt IV nach II (IV-V-I); unter 3) eine andere Möglichkeit; unter 4) verbotene Quinten (hin und wieder erlaubt); unter 5) verbotene Quinten und Octaven. Wir sehen in diesen Schlussfällen ein neues Verhältniss auftauchen, das wir jetzt erst näher kennen lernen werden, nämlich: das Sekundenverhältniss.

----

§ 16.

Der Sekundenweg.

Wenn das Terzverhältniss ein zweifaches, resp. vierfaches ist: hinab, hinauf — grosse oder kleine Terz, das Quintverhältniss ein zweifaches: aufwärtsgehende Quint, abwärtsgehende Quint = aufwärtsgehende Quart, so ist das Sekundenverhältniss ebenso ein vierfaches wie das Terzenverhältniss, es handelt sich nämlich um diatonische oder chromatische, auf- oder abwärtsgehende Sekundenschritte.

In enger Modulation können wir von *C* I nur nach *h* VII⁰ abwärts oder nach *d moll* aufwärts gelangen, in weiter und weitester Modulation dagegen, nach (abwärts) *H* I oder *B* I *dur* oder *moll*, (aufwärts) *Des* I — *D* I *dur*.

6 *

In den Sekundenschritten kömmt vor Allem die äussere Form in Betracht, es lauern nämlich verbotene Octaven und Quinten, dessbalb sind wir vor Allem auf die zweite Lage angewiesen, (die sogenannte Sextenlage des Generalbasses).

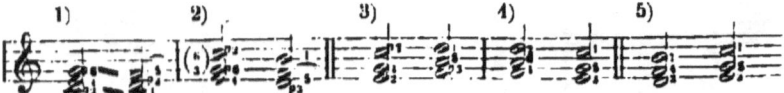

Die Sondereinheiten spielen auch hier ihre Rolle, wie bei den beiden Wegen, dem Terzen- und Quintenweg.

Während in den beiden früheren Wegen Gegenbewegung und Seitenbewegung herrscht als in der Natur dieser Wege liegend, herrscht hier die grade Bewegung vor, indem alle 3 Stimmen von der Stelle rücken. Wir sehen hier also abermals neue absolute Intervalle herrschen, sowohl im Auf- als im Abwärtsgehen.

Unter 1) Bewegung der ersten Lage, wodurch verbotene Quinten entstehen; unter 2) die zweite Lage, (die Sextenlage des Generalbasses); es sind die nämlichen absoluten Intervalle wie unter 1), nur haben sie eine andere Ordnung unter sich.

Unter 3) der nämliche Accord C I wie unter 2), allein neue absolute Intervalle zur neuen Sondereinheit *d moll*; unter 4) die absoluten Verhältnisse der Sondereinheit *d moll* zu C 1; unter 5) der Gegensatz von dem Accord unter 2).

Wir entnehmen hieraus abermals die Schritte unserer absoluten Intervalle, es schreitet ♭2 und 2 nach 1 und 3

$$\flat 6 - 6 - 5 \; \widehat{5}$$

4 nach ♭3, 3 und 5.

Allein wir kennen aus der Praxis noch einen andern Weg, der diesen Grundsätzen zu widersprechen scheint, die sogenannten Sextengänge.

Dieser Gang 1) ist nichts Anderes als ein doppelter Gang aus zufälligen Sexten 2) und Terzen 3) zusammengesetzt, der seine melodiöse durchgehende Natur nicht verleugnet, schon der liegende Bass beweist dies.

Im vierstimmigen Satz lassen sich grosse Sekunden auf- und abwärts ganz regelrecht behandeln, ohne die zweite Lage anwenden zu müssen. Vorerst die zweite Lage.

Wir sehen hier zweierlei absolute Intervalle erstehen, im Hinauf- und im Hinabwege.

Hier ebenfalls neue Intervalle, die Ausnahmesprünge der ♭7 und 7 herab nach 5; ihre Verdoppelung als Neutrum.

Im Herabwege die Sprünge des ♭6 und 6 nach 1, die Verdoppelung der 4 als Neutrum, ihr Doppelschritt nach 3 und 5, und ihre Analogic der $\sharp 4$, die gegen ihre Gewohnheit als sondereinheitliche Ausnahme herabgeht.

Derlei Gänge sind etwas unerquicklich gegenüber der zweiten Lage, sie sind aber oft unvermeidlich in der Mischung der anderen 2 Wege, wie wir später sehen werden. Wir haben hierbei nur die Sondereinheiten der engen Modulation im Auge gehabt.

In der weiten Modulation werden noch schärfere Schritte ermöglicht werden.

§ 17.

Schlussfälle bei Terzverbindungen des Terzenweges.

Wenn der Quintenweg uns Schlussfälle bietet, die ausserdem eines Hauptschlussfalles bedürfen zum Abschluss, zur Bekräftigung in der gedachten Tonart, in der ich verweilen will, so auch der Terzenweg.

Es genügt jedoch nicht, einen Accord anzuschlagen, und schablonenhaft maschinenmässig den Hauptvierklang zur betreffenden neuen Tonart dazwischen zu schieben, nein, wir müssen uns der neuen Einheit allsogleich bewusst werden, ob wir direct (durch alleinige Terzengänge) oder indirect durch Schlussfälle dahin gehen.

Unter 1) directe Terzverbindung; unter 2) indirecte mittelst Schlussfall: V—I. Die absoluten Intervalle sind in beiden Fällen gleich, wir sehen nur, dass aus $\flat 7$ jetzt 7 wird, unter 3) und 4) andere Lagen, unter 5) springt die $\flat 7$ nach 5, sie wechselt die Stelle, da der Bass ihre Stelle einnimmt. Diese scheinbaren Ausnahmen von der Regel sind melodiöser Natur.

Ein in die Augen und Ohren fallendes beliebtes Mittel in enger wie weiter, ja weitester Modulation ist, wenn die frühere Einheit als künftige grosse oder kleine Terz liegen bleibt, und eine melodische Ligatur bildet, wodurch auf dem Hauptvierklang eine Verzögerung entsteht.

Dieser melodische Vorhalt 2) ändert nichts an der Sache, wenn er auch längere Zeit *tasto solo* auftritt wie unter 3), in der Idee ist mit meinem Willen doch der nämliche Stufentausch vollzogen.

Wir können unsere sämmtlichen Terzenschritte hinab und hinauf auf diese Weise bewerkstelligen, in enger Modulation, somit auch in weiter durch den ganzen Zirkel, nur sind die hinabgehenden Terzen gefügiger.

Unter 1) und 2) herabgehende Terzverbindungen, unter 2) mit vorgehaltener grosser oder kleiner Terz; unter 3—7 aufwärtsgehende Terzverbindungen; unter 3) ist die frühere I, d. h. die nunmehrige ♭6, nicht verdoppelt, unter 4) ist sie verdoppelt, und sie muss wegen der verbotenen Octaven einen kleinen Terzensprung nach *a*4 machen, ebenso unter 5); unter 6) geht ♭6 nach 7; unter 7) geht *a*4 als verdoppelbares Neutrum nach ♭3 und 5 *).

---
*) Die Quintennoth ist unter 6) und 7) gebannt.

Somit sehen wir verschiedene Varianten. Wir folgern daraus, dass auch eine Dissonanz in gewissen Fällen verdoppelt werden könne, denn überall ist die frühere I jetzt ♭6 geworden. Auch hier bei aufwärtsgehenden Terzen kann die Terz vorgehalten werden, wodurch leichter Quinten umgangen werden.

In allen diesen Beispielen geht ein beständiger Stufentausch vor sich; aus 5 wird 3 oder ♭3, aus 3 oder ♭3 wird I, aus I wird 6 oder ♭6.

Der Schritt in die aufwärtsgehenden Terzverbindungen trägt also ein anderes Gepräge durch den verschiedenen Stufentausch gegenüber dem abwärtsgehenden Terzenweg. In diesem wird die frühere Einheit grosse oder kleine Terz, in jenem die grosse oder kleine Terz der früheren Einheit die neue Einheit, somit ist das verschiedene innere organische Wesen dieser anscheinend gleichen Terzenwege nur Ausfluss der gedachten Einheit, zugleich aber auch resultirt unsere Solidarität.

Dass der Terzenweg hinab uns gefügiger klingt, liegt in dem Verhältniss der früheren Einheit, dort ist sie als grosse oder kleine Terz noch immer Konsonanz geblieben, hier wird die frühere Einheit bald ♭6 bald 6, bald Dissonanz, bald unvollkommene Konsonanz, darum auch der verschiedene Charakter.

So viel dürfte bereits ersichtlich sein, dass wir keine Regeln der Willkühr geben, sondern nur das organisch innere Walten unserer Tonwelt zu belauschen suchen. Was sich uns aufdrängt, sind blos Konsequenzen unserer Einheit.

§ 18.
Schlussfälle des Sekundenweges.

Minder einfach wie die beiden früheren Wege ist der Sekundenweg, sowohl ohne als mit Schlussfällen. Wir können jede Sondereinheit durch Schlussfälle herstellen, nur nicht den kleinen Dreiklang der
VII. Stufe, wir müssten dafür *dur* oder *moll* auftreten lassen, wodurch
wir in die weite Modulation gelangen würden.

Vorerst also der Sekundenweg der engen Modulation — grosse
und kleine Sekunden aufwärts.

Unter 1) ohne Schlussfall, directe Verbindung; die 7 geht herab
nach 5; unter 2) mit Schlussfall, derselbe Schritt im Bass, während ♭7
zu 7 wird; unter 3) springt 2 nach 5.

Diese 6 Sekundenschritte hinauf dürften die einzigen sein, da, wie
schon gesagt, der kleine Dreiklang auf VII als Sondereinheit nur in
eigentlichen Schlussfallketten verwendbar ist.

Sekundenschritte abwärts.

Dass ein oder der andere Schritt gefügiger ist, wer wollte das leugnen? So ist z. B. der unter 2) durch liegende 4 natürlicher als der unter 3) und 4); ebenso der unter 5) und 6).

Aus Allem ersehen wir, dass die Sekundenschritte am schwersten zu behandeln sind; hierbei kann uns jedoch nur unser I leiten.

§ 19.

Scheinschlüsse.

Wir wissen bereits, dass unsere Hauptschlüsse nur auf I – V, und V – I möglich sind. Sobald auf anderen Stufen der engen Modulation dies Verhältniss auftritt, als Analogie dieser beiden Schlussfälle, bei Sondereinheiten nämlich, so entstehen Scheinschlüsse. Sobald sich diese Sondereinheiten geltend machen, entstehen Schlussfallketten, und in diesen treten allsogleich unsere 3 Wege gemischt auf.

Die charakterischen Töne der Schlussharmonie im Drei - oder Hauptvierklang als 5 7 2, oder 5 7 2 4 treten modificirt auf.

In dieser Schlussfallkette sind Scheinschlüsse vorhanden, die alle dem Hauptschlussfall des ersten Taktes analog nachgebildet sind. Allein von Takt zu Takt macht sich eine Sekundfortschreitung, der Sekundenweg, geltend; wir haben schon eine Mischung; durch Wechseln der Lage unter 2) sind wir den Quinten und Octaven unter (*x*) ausgewichen; unter 3) haben wir sie durch Gegenbewegung verhütet. Allein im Stillen waltet doch das Gesetz unserer Einheit laut den Zahlen unter (*y*) und so analog in jedem Takte, auch wenn wie unter (*z*) ein viel grösserer Sprung eintritt. Ein Blick auf die Zahlen 5 7 2 belehrt uns, dass für 7 ♭7 eintritt.

Wollen wir die enge Modulation verlassen und zu weiter übergehen, so dürfen wir nur durch Einführung „leiterfremder" Töne die reine Analogie dieser 3 Zahlen 5 7 2 herstellen: oder 5 7 2 4.

Der Sekundenweg ist derselbe geblieben (2 4 ♭7). Um den Quinten und Octaven auszuweichen sehen wir verschiedenartige Sprünge, die jedoch nicht alle gleich gut sind wie der unter (*x*); 4 geht nach ♭3, 2 nach 1, ♭7 nach ♭1, die verdoppelte ♭7 geht nach 5 herab (*x*), alle anderen Sekundenverbindungen sind in der Idee dieselben, nur müssen wir die Ausnahmen durch Stellvertretung erklären. Ein Intervall tritt an die Stelle eines andern, es sind die erforderlichen Intervalle da, nur ist durch die nothwendigen verschiedenen Lagen (Oberlagen) Stellvertretung nothwendig geworden.

Derlei fortgeführte Analogien, Kettenschlüsse werden gewöhnlich Sequenzen genannt. Ihre Normen sind unerschöpflich. Stets werden 2 Wege gemischt auftreten.

Hier sind Schlussfälle mit herabgehenden Sekunden und Terzen (*x*) gemischt, somit finden wir unsere 3 Wege vertreten.

Wir sehen sowohl in enger wie in weiter Modulation eine glückliche Mischung von *dur* und *moll*, wie die jeweilige Stufe der Scala sie aufweist.

<hr />

§ 20.
Weite Modulation.

Unter dieser verstehen wir, wie bereits gesagt, die Einführung leiterfremder Töne durch Aufhebung der Scheinschlüsse. Während mit Scheinschlüssen wir in der Tonart gebannt bleiben, können wir, wenn wir wollen, durch Aufhebung derselben aus der Tonart heraus treten, die Sondereinheit zur neuen Einheit erheben, sie abschliessen, mit einem Worte: moduliren.

Wir befinden uns aber trotzdem nur in den nächstverwandten Tonarten der engen Modulation

$$G \quad a \quad \overset{\frown}{h} \quad C \quad d \quad e \quad F$$
$$V \quad VI \quad (VII) \quad I \quad II \quad III \quad IV$$

Wir können von *C* aus nur in 5 anderen Tonarten sein. Die VII. Stufe ist nur als Sondereinheit in enger Modulation zu verwerthen; sobald sie sich emanzipirt, *dur* oder *moll* wird, befinden wir uns schon in weitester Modulation.

Allein wir können die Formen der neuen Modulation schon anwenden in enger Modulation, ohne zu einer neuen Tonart fortzuschreiten, wir können in der gewählten Tonart verbleiben. Man vergleiche nur die beiden Beispiele.

Unter (*x*), (*y*) sind leiterfremde Töne auch in enger Modulation verwendet. Es ist scheinbar blos der Schlussfallweg verwendet, allein unter sich steht die Schlussharmonie V mit jeder anderen V im Sekundintervall; so auch jede Sekundeneinheit I mit der andern.

Unter (*x*) leiterfremder Schluss, unter (*y*) Scheinschluss, unter (*z*) zusammengesetzter Ganzschluss. Es ist hierbei der Terzenweg gemischt. Wir sehen hier blos Ganzschlüsse verbunden.

§ 21.

Von den Umkehrungen.

Wir kennen bereits den Charakter der verschiedenen Umkehrungen, sie spielen auch in den Schlussfällen ihre Rolle; das Eckige, Steife der immerwährenden ersten Lage wird gemildert, es entsteht mehr Fluss der Melodie. Man vergleiche nur dies Beispiel mit den vorhergehenden.

Unter 1) die erste Umkehrung, unter 2) die zweite Umkehrung. Die erste fällt mehr ins Ohr. Eine glückliche Mischung der verschiedenen Lagen, Sache des Geschmacks, wird diesen Schlussfällen stets neuen Reiz und Abwechslung verleihen und vor Monotonie wahren. Wir werden später Gelegenheit finden, auf dieses Thema zurückzukommen.

§ 22.

Die Vierklänge der engen Modulation.

Wir haben § 12 ausser dem Hauptvierklang der V. Stufe noch 6 andere Vierklänge verzeichnet auf den 6 übrigen Stufen der Scala. Wenn wir unseren Hauptvierklang nicht Septaccord nennen können aus inneren Gründen, so auch nicht diese noch übrigen 6 Abbilder des Hauptvierklangs. Ihre Verwerthung geschieht zumeist im Schlussfallwege. Wenn die zufällige Septe des Generalbasses uns die 4 der bezüglichen Einheit gibt, so auch hier; nur wird diese 4 öfters eine ♯4 sein.

Unter a) sehen wir die 6 analogen Vierklänge als Abbilder des Hauptvierklangs verzeichnet; unter b) sind dieselben schlussfallmässig gemacht, während sie unter a) ausser 5) nur Scheinschlüsse sind.

Unter b) beschreiten wir somit schon die weite Modulation, denn ich kann jede Sondereinheit zur Einheit erheben, bei ihr stehen bleiben. Wir sehen desshalb (*x*) den Schlussfall nach VII (*h* 5) ausgeschlossen, es ist dafür ♭VII eingetreten; ebenso hat der nämliche kleine Dreiklang VII (unter 7) seine Schlussfallnatur verloren, es ist dafür ♭VII (unter *y*) eingetreten.

Die Umkehrungen dieser Vierklänge werden natürlich ganz ebenso wie der Hauptvierklang behandelt. Wenn uns in V—I der Hauptvierklang auf V die Zahlen gibt: 5 7 2 4, so auch alle übrigen.

Auf jede Harmonie der Reihe unter *a*), sei sie V oder I, kann der Hauptvierklang V—I folgen, ich kann somit in enger Modulation schliessen, wann ich will, nur wird einer der 3 Wege dabei auftreten.

Unter 1) Quintverhältniss, unter 2) Sekundverhältniss, unter 3) 4) 6) ebenfalls: unter 5) (*x*) Terzenverhältniss; unter (*y*) ebenfalls Sekundverhältniss.

Der Hauptvierklang überhebt uns der Gefahr, Octaven zu machen, und ist gefügiger als der Dreiklang auf V.

———

§ 23.

Die weiteste Modulation.

Vergleichen wir die 7 Stufen der diatonischen Scala mit den 12 Stufen der enharmonischen, so erhalten wir bei den 5 neuen Stufen 4 Sekundenschritte und 4 Terzverbindungen, so wie einen Schlussfall mehr.

ges	*G,*	*as,*	*a,*	*b,*	*h*	*C,*	*des,*	*d,*	*es*	*e*	*F*	*fis*
♭5	IV	3	♭3	2	♮2)	I,	♭2,	2,	♭3,	3,	IV,	♯4
♯4	V,	♭6,	6,	♮7,	7							

Obwohl scheinbar 2 Schlussfälle, *fis* und *ges*, mehr sind, so sind diese beiden doch eins.

Wir betreten sonach durch Zugrundelegung unserer 12 Töne die weiteste Modulation.

Es scheint ein Widerspruch, dass wir überhaupt die 12 Töne zur Basis unseres Systems genommen haben, während wir uns doch so lange bei der engen Modulation aufgehalten haben. Wir haben gleich anfangs nachgewiesen, dass verschiedene Formen innerhalb der Urprogression Platz greifen können, ohne dass wir sie erst bei anderen Tonarten entlehnen, und so ist durch Erschliessung unserer weitesten Modulation auch noch die Möglichkeit gegeben, die entferntesten Tonarten direkt oder indirekt zu verbinden und zwar durch Zugrundelegung unserer 3 Momente.

Sekundenschritte:

B, (h) H, C, des, d, (D)
I

Terzverbindungen:

As, a, C, Es, e, (E)

Schlussfälle:

ges, G C, F, fis
g f

Mit den grossen Buchstaben wollen wir *Dur*, mit den kleinen *Moll* bezeichnen.

Aufwärtsgehende Sekundenschritte.

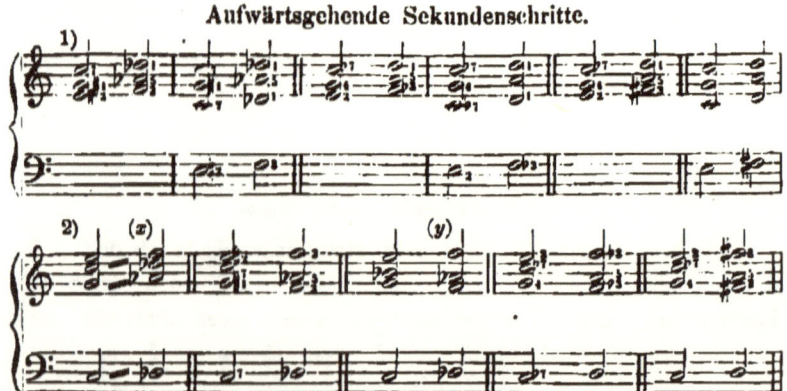

Unter 1) dreistimmige Sekundenschritte, unter 2) vierstimmige; unter (*x*) verbotene Quinten und Octaven, unter (*y*) Verbindung durch einen Vierklang.

Abwärts gehende Sekundenschritte.

Unter 2) finden wir viele Quinten, unter (*x*) eine Umgebung, durch Antizipirung des I. Unter (*y*) die beliebte Verbindung, indem die absolute 6 nach I geht.

Terzverbindungen.

Schlussfälle.

Wir haben früher schon die Terzverbindungen mittelst Schlussfällen in enger Modulation kennen gelernt, und wollen zum Ueberfluss noch die übrigen verzeichnen.

7

Selbst in weitester Modulation ist eine Mischung von *Dur* und *Moll* eine gebotene Nothwendigkeit. So bemerken wir, dass der kleine Sekundenschritt hinauf nur *dur* ist, während der grosse *dur* oder *moll* sein kann.

So der kleine Terzenschritt hinauf nur *dur*, während die grosse Terz ebenfalls *dur* oder *moll* sein kann.

So auch die Schritte hinab begegnen wir *H* I *dur* oder *moll*, *B dur*, *a moll*, *As dur*.

In den Schlussfällen überhaupt sehen wir unsere drei Wege zusammentreten.

Zur Herstellung der Terzverbindungen bedarf es der Sekundenschritte; gehen erstere aufwärts, so gehen diese abwärts. Hier dominiren die Terzverbindungen und die Schlussfälle dienen als Mittel zum Zweck, während im Quintverhältnisse die Schlussfälle dominiren, und Terzverbindungen blos Nebenheiten abgeben. Auf eine kleine Sekunde folgt eine grosse Terzverbindung, auf eine grosse Sekunde eine kleine Terzverbindung.

Wir sehen in diesen verschiedenen Terzverbindungen die verschiedenartigsten Intervalle; so confus und widersprechend die Sache aussieht, so sind doch alle diese Zahlen nur Ergebnisse unserer Einheit.

----

§ 24.

Charakter der Schlussfälle.

Wir verstehen unter Hauptschlussfall das Streben zur Einheit, einen Gedankenabschluss, einen Punkt in der musikalischen Grammatik. Wie der Satz der Sprache: Subjekt, Prädikat, Kopula aufweist, so erfüllen wir diese 3 Momente auf unsere Weise, wenn wir setzen:

I—V—I, oder I—IV—I.

Welch verschiedener Charakter liegt nicht für unser Ohr in diesen beiden Sätzen!

Unser musikalisches Denken beginnt, sobald wir einen dieser Sätze hinschreiben.

Ein Hauptschluss V—I setzt einen Halbschluss voraus. Sobald ich I zu V mache, folgen sich 2 Halbschlussfälle; (a) kehre ich die Ordnung um, und lasse V—I nach einander folgen, so erhalte ich Hauptschlüsse (b).

Wie verschiedenartig ist der Sinn dieser einfachen Dreiklänge durch ihre verschiedene Stellung zu einander!

Wir haben den Hauptvierklang zuletzt (x) aufgespart im zusammengesetzten Ganzschluss.

Wie ganz anders erscheint uns dagegen die Plagalkadenz am Schlusse!

Wie feierlich erhaben klingt nicht dieser Schluss, nicht umsonst Kirchenschluss genannt! Dieser einfache Stufentausch, dass ich mir I als V, oder V als I denke, in die Quarte oder Quinte gehe, ist so beruhigend, so wenig aufregend; wie viele Melodien ruhen nicht auf diesen einfachen Verhältnissen! Die Stufen I, IV, V sind uns nicht umsonst Hauptstufen, daher bleibt diese Modulation in die Quarte oder Quinte stets die einfachste.

Kettenschlüsse mit Sondereinheiten steigern schon das Gefühl, bis endlich in den Terzverbindungen weiter und weitester Modulation die höchste Steigerung erfolgt.

Alle Schlussfallketten, die mit dem Halbschluss I—V anheben, sind übrigens nichts Anderes als Plagalschlüsse.

IV   I   I   I   I   IV   V   I   IV
VI   IV   ♭VI   VI

I   IV   I   VI   IV   V   I

Ausser den Sondereinheiten (IV-I) könnten wir die durch den schiefen Strich bezeichneten Noten Nebeneinheiten nennen, ruhend auf dem Terzverhältniss.

Ein Beispiel weitester Modulation hat Meyerbeer im „Prophet" hingestellt; es beweist die Möglichkeit einer Modulation nach *Fis*. Als Nebeneinheiten figuriren Terzverbindungen.

Sei - nes Lichts heil'-ger Strahl er be - rüh - re dei - ne

I ♯IV   I   I
      III   ♯IV

§ 25.

Die Nebeneinheiten.

Wenn wir seither von Sondereinheiten in den dreierlei Modulationen gesprochen, so drängt sich uns noch eine Gattung auf als Mittler zwischen Sondereinheiten. Sie beruhen auf dem Terzenweg.

Es erscheinen hier zusammengezogene Schlussfälle, die uns allsogleich deutlich werden, sobald wir etwa so verfahren:

Wir finden in diesem gewöhnlichsten Gange, der bis zum Uebermasse abgenutzt ist, doch nur durch unsere 3 Momente Erklärung. Es machen sich somit bei Zusammenziehung eines solchen Ganges, wie wir im vorigen Beispiele gezeigt, ausser den Sondereinheiten Nebeneinheiten geltend. Der Generalbass sagt mir nichts weiter, als dass der Bass

eine Quarte steigt, und eine Terz fallen kann: damit ist die Sache ab-
gethan; allein die innere organische Wandlung solcher Schlussfallketten
verlangt eine andere Erklärung.

Wir haben sie gegeben als einfachste Konsequenz unserer Einheit.

Bei Vierklängen enger oder weiter Modulation wird der nämliche
Fall eintreten, so dass wir nichts weiter zu bemerken brauchen.

§ 26.

Die drei Hauptstufen.

Ihre Bedeutsamkeit tritt uns oft genug entgegen, in und ausser
den Schlussfällen. Wir sehen das Herrschen unseres I, das Dominiren
unserer V in den Schlussfällen, wo sowohl im Hauptvierklang als in zusammengesetzten Ganzschlüssen noch IV hinzutritt. Nicht umsonst
heisst V die Dominante. Allein IV hat noch eine ♯IV aufzuweisen, auch
erscheint mit IV und V noch VII als Nebenstufe. Wir möchten desshalb VII und ♯IV Nebenstufen nennen.

Im Dreiklang *dur* oder *moll* finden wir schon V charakteristisch
hervortreten, I und V stehen in Wechselwirkung, wie wir in den Schlussfällen bereits gesehen. V strebt zu I, ob es formell eine Quinte fällt
oder eine Quarte steigt; ja es bleibt sogar liegen eines Theils, während
es anderen Theils nach I strebt. Zu diesem Ende muss V im Einklang
oder der Octave verdoppelt werden.

So bedeutsam die 3 Hauptstufen im Allgemeinen sind, so tritt uns
doch noch die Terz als charakteristisch entgegen.

Wir wissen, dass die grosse Terz zur Einheit uns *dur* gibt, die
kleine dagegen *moll*. Wir kennen bereits die diatonischen wie die
chromatischen Schritte.

$$\begin{array}{ccc} \underbrace{\begin{array}{ccc} 7 & I & 2 \\ h & C & d \end{array}} & \underbrace{\begin{array}{ccc} 2 & III & 4 \\ d & E & f \end{array}} & \underbrace{\begin{array}{ccc} 4 & V & 6 \\ f & G & a \end{array}} \end{array}$$

Obschon IV uns als Hauptstufe entgegentritt, so trägt sie doch
einen ganz eigenthümlichen Charakter, sie ist uns zugleich Neutrum,
wir sehen sie den Doppelschritt machen nach III und V. Sie ist weit
elastischer als I und V, die unveränderlich, starr, unnahbar, ein Bild
der Festigkeit ihren Platz behaupten, während IV ausserdem als ♯IV
erhöht werden kann. Es kann desshalb nie eine ♯I oder ♯V geben.

Im Momente, wo es scheinbar geschieht, ist der Charakter dieser
Stufen ein anderer geworden.

Der Generalbass muss freilich consequent wie unter (z) schreiben.
Die übrigen Intervalle der Skala kennen wir bereits.

h (7) ist uns Dissonanz.

d (2) in seinem Doppelschritt nach I und 3 eine unvollkommene
Konsonanz.

a (6) ist uns ebenfalls unvollkommene Konsonanz; beide lassen
sich verdoppeln.

Allein die Praxis lehrt uns noch folgende chromatische Schritte,
sie ist die Mutter unserer Theorie.

$$\flat7 \quad I \quad \flat2 \qquad \sharp2 \quad III \qquad \sharp4 \quad V \quad \flat6$$
$$b \quad C \quad des \qquad dis \quad E \qquad fis \quad G \quad as$$

In allen möglichen Accordcombinationen sehen wir diese Schritte
erfüllt, sie fliessen aus unserer Einheit.

b ($\flat7$) ist uns ein diatonisch aufwärtsstrebendes Neutrum, mit *h* (7)
verwandt, und mit der nächsten Anwartschaft, IV zu werden.

Die übrigen 4 Töne sind Dissonanzen.

Allein wir haben auch Ausnahmen gefunden; *as* ($\flat6$) geht öfters
nach I. Die übrigen Töne machen oft verschiedene Sprünge. Diese
Ausnahmen lassen sich nur durch ein mächtigeres Agens rechtfertigen,
dem diese Töne gehorchen müssen.

Innerhalb unserer Einheit *C* werden diese Schritte stets normal sein,
allein bei Sondereinheiten werden die Ausnahmen sich einfinden. Wir
verweisen nur auf die vielen Fälle, wo 7 abwärts nach 5 springen muss.

Die Eigenthümlichkeit eines jeden Intervalls, das sich mehr fühlen,
als beschreiben lässt, zeugt für die Unverrückbarkeit desselben innerhalb der gedachten Einheit, zeugt für das absolute Intervall, zeugt
gegen den Generalbass.

§ 27.

Stufentausch.

Wir haben bei unsern Sonder- und Nebeneinheiten einen steten Intervallen- oder Stufentausch wahrgenommen. Er entspringt aus unserem Willen, aus der gedachten Einheit.

Wir kommen wieder auf unsere Solidarität zurück.

Wir begegnen im Dreiklang *C e g* ausser der Einheit: *C*, der grossen Terz: *e* der Quinte *g*; allein es existirt auch die kleine Terz *e g*.

Aus der Solidarität geht hervor, dass jeder dieser 3 Töne werden kann, was der andere ist, nämlich:

I, — ♭3, — 3, V.

In diesen 12 Möglichkeiten liegen jedoch uns nur 7 vor.

Der Schritt unter (*x*) würde gewaltsam klingen von *C dur* aus gedacht, nicht sowohl wegen der möglichen Quinten (die durch veränderte Lage umgangen werden könnten), als durch Alterirung von I und V. So sind die Schritte von 1—4 befriedigender, weil *C* unalterirt bleibt, so ist der Schritt unter (2) (*z*) minder gefügig, weil die Einheit *C* alterirt werden muss. So ist (6) gefügiger als (7), so die Schritte 4 und 6 die natürlichsten, da 1 zu V, oder V zu I gemacht wird.

Betrachten wir jeden dieser 3 Töne als IV, so erhalten wir folgende Resultate.

IV (*6*) IV (8) IV (9) ♯IV (10) ♯IV (11) ♯IV (12)

Wir haben jetzt alle 12 Einheiten durch Solidarität erhalten.

Ein Beweis, wie fern uns *Fis* I liegt, da jeder Ton unseres Dreiklangs *C, e, g* für sich allein betrachtet als ♯IV uns einen Ton dieses Dreiklangs gibt *Ges, b, Des.*

Allein wir wissen, wie mit dem einen Ton, den ich solidarisch als eine der obigen Stufen betrachte, die übrigen miterscheinenden Intervalle stets andere werden. Wir können ahnen, warum die grossen Sekundenschritte herab uns so unbefriedigt lassen, und doch ist nur die Terz als ♯IV betrachtet.

Sta · bat ma · ter

Ein Beispiel für diese Sekundenschritte hinab finden wir in Palestrinas: *Stabat mater.*

Stellen wir uns unser Tonmaterial in einer Linie vor, so ergibt sich Folgendes:

6	1	4	3	2	5		5	2	3	4	1	6
ges	*G*	*as*	*a*	*b*	*h*	*c*	*des,*	*d,*	*es,*	*e,*	*F*	*fis.*
♭V	V	♭VI	VI	♭VII	VII	*C,*	♭II	II,	♭III,	III	IV	♯IV
♭	♯	♭	♯	♭	♯	I	♭	♯	♭	♯	♭	♯

Chromatisch auf- und abwärts gezählt von *C* I finden wir auf beiden Seiten gleichviel Stufen. Von *C* nach *G* I ist so weit als nach *F* I, wir zählen 6; gleiche Vorzeichnung 1 ♯ und 1 ♭, somit sind beide nach dem Generalbass im ersten Grade verwandt. So analog bei den anderen Tonarten.

Wir wissen aber bereits, dass *C* in *F* I V, in *G* I dagegen IV ist; in *As* I bildet die frühere Einheit *C* eine grosse Terz, in *E* I die grosse Terz von *C* I jetzt die neue Einheit.

So analog in den übrigen Tonarten.

So bildet die frühere Terz *e* in *H* IV

— *B* ♯IV

so bildet die frühere Quint *g* in *Des* ♯IV

— *D* IV

In *A moll* ist das frühere *C* I kleine Terz.

In *Es dur* dagegen *g* 5 grosse Terz.

Ganz anders stellt sich das Verhältniss heraus, wenn wir statt *dur moll* nehmen, oder umgekehrt.

So ist der Schritt von *C moll* nach *As dur* nicht so scharf als wie von *C dur* nach *As dur*; so ist der Schritt von *C dur* nach *E moll* minder scharf als der nach *E dur*.

Früher war eine Modulation von *C* I nach *As* I verpönt, es musste erst *C moll* dazwischen geschoben werden, dadurch wurde aber der Effekt paralysirt. Die Neuzeit ist kühner geworden.

Aus dem Begriff unserer Solidarität geht sonach hervor, dass jeder Ton eines Dreiklangs werden kann, was der andere ist, nämlich I, IV, V, (♯IV) ♭3, 3.

Durch Einführung der ♯IV erschliessen wir uns die weite Modulation.

Wir wissen bereits, dass der indirekte Weg, um zu irgend einer Einheit zu gelangen, der leichte ist, allein trotzdem geht ein beständiger Stufentausch vor.

§ 28.
Mehrdeutigkeit.

Die Mehrdeutigkeit des Generalbasses basirt auf unserer Solidarität. Sie ist im Grunde dasselbe wie Stufentausch, nur kömmt hierbei die Orthographie in Mitleidenschaft. Am auffallendsten tritt diese Mehrdeutigkeit im Quadrat auf, wie wir bereits (§ 8. I. Theil) nachgewiesen.

Wenn wir in *C* I 3 Quadrate haben, so müssen wir sie in allen 12 Einheiten haben, nur sind es andere Intervalle nebst anderer Orthographie.

Wir haben bereits oben gesagt, dass das dritte Quadrat auf der Basis V nur indirekt verwerthet werden könne; sobald ich daher einen der 4 Töne als V betrachte, muss ich indirekt nach der Einheit schreiten, zu der der bezügliche Ton die V bildet.

Wenn ich aus dem Quadrat den Hauptvierklang herstelle, dadurch dass ich die ♭6 zu V mache, so schliesst dieser Hauptvierklang die 4 Einheiten aus, die mit dem herabgesetzten Tone die gleiche Gruppe bilden.

Mache ich z. B. aus *h, d, f, as*: *h, d, f, g*, so habe ich eine direkte Modulation nach *G* I, *B* I, *Des* I, *E* I ausgeschlossen.

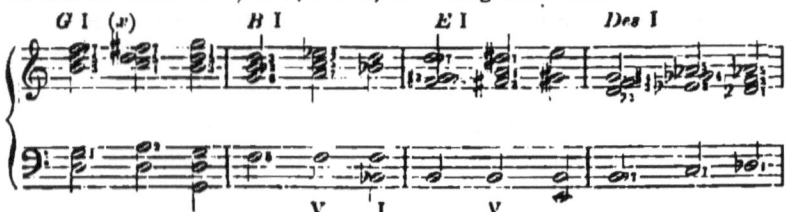

Unter (*x*) ist die Bezeichnung des Generalbasses endlich wahr! *G* ist wirklich I, denn ich will dahin, es sind die absoluten Intervalle von *G* I.

Will ich nach diesen 4 Tonarten mit dem Quadrate *h, d, f, as* gehen, so darf ich nur je einen Ton als V betrachten, um indirekt dahin zu gelangen.

Es werden diese Schritte leichter sein, als bei alterirten Quadraten.

Daraus geht hervor, dass mit den neuen absoluten Intervallen stets neue Kon- und Dissonanzen entstehen.

Ich kann aber mit dem Hauptvierklange von *C* I, d. h. mit dem alterirten Quadrate, noch nach 8 Tonarten direkt gehen, woraus erhellt, dass dieser Hauptvierklang nicht Privateigenthum von *C* I allein ist, sondern solidarisches Gemeingut.

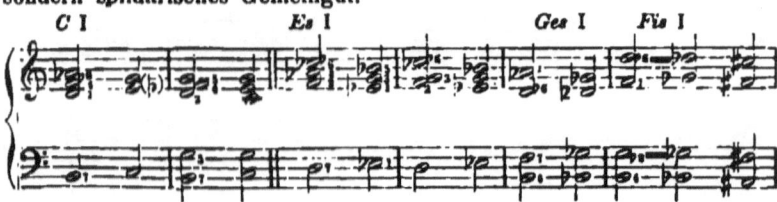

Wir haben sonach durch unser Quadrat auf der Basis VII—IV für C I, so wie durch den aus demselben hervorgehenden Hauptvierklang die Solidarität für alle 12 Einheiten nachgewiesen.

Der Schritt unter (x) kommt in der Praxis häufig so vor, obschon er incorrect aussieht, allein unter (y) sind in den äusseren Stimmen Quinten, trotz der grösseren Correctheit der Auflösung. Unter (z) bei correcter dreistimmiger Auflösung entsteht ebenfalls eine Quintfortschreitung, die indess durch die 6 gedämpft wird. Unter (x) haben wir mit der incorrecten Auflösung nur Quinten vermieden.

§ 29.

Die Urformen: Quadrat und übermässiger Dreiklang.

a. Das Quadrat.

Wir haben bereits öfters die Elastizität des Quadrats nachgewiesen, es ist also offenbar, dass seine Verwerthung hauptsächlich unserer weiten Modulation dient. Sobald ich irgend ein Quadrat anschlage, ist mein Wille frei, ich kann jede beliebige Einheit wählen. Wir sehen aber aus der Praxis, dass unsere 3 Quadrate das innigste Verhältniss eingehen, eins geht ins andere über, wir können die Quadrate chromatisch auf einander folgen lassen.

Es wäre müssig, über die Orthographie hier zu streiten, sowie über Konsonanz und Dissonanz; denn erst die gedachte Einheit schafft diess Alles.

Wir können auf jede Einheit eines der 3 Quadrate folgen lassen, und haben somit das leichteste Modulationsmittel. Z. B. Das Quadrat: *h*, *d*, *f*, *as*.

Wir sind somit nach 8 Einheiten gegangen. *G* I, *B* I, *Des* I, *E* I, sind ausgeschlossen, da zu ihnen nur indirect modulirt werden kann, wir dürfen nur auf die oben angezeigte Weise verfahren, und wir können auch noch dahin gehen.

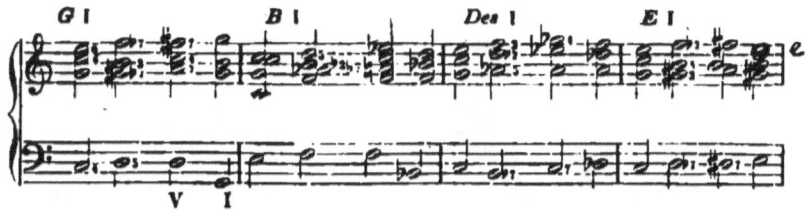

Wenn ich von *C* I durch ein Quadrat nach 12 Tonarten gelange, so kann ich natürlich ebensogut von den übrigen 11 Tonarten nach *C* I gelangen.

Das Nämliche wird der Fall sein mit den 2 übrigen Quadraten *c, dis, fis, a* und *G, b, des, e*; ich kann sie frei auf *C* I anschlagen.

Ebenso werde ich auch die Hauptvierklänge behandeln dürfen, obwohl sie nicht so elastisch sich in jede Form pressen lassen. In diesem Sinne lassen sich die verketteten Septaccorde des Generalbasses deuten. Die Freiheit der Bewegung, die den Quadraten eigen, haftet noch an ihnen; sie haben diese Leichtigkeit geerbt.

Die verketteten Sekundquartsextaccorde des Generalbasses lassen sich nur im Sinne unseres Quadrats behandeln.

Nur durch eine gedachte Einheit erhalten sie höhere Bedeutung, so wogen sie durcheinander wie die Quadrate. In die nämliche Kategorie gehört die beliebte „Eselsbrücke“, wo Septaccorde, Quartsextaccorde und Sekundquartsextaccorde des Generalbasses das nämliche Spiel treiben. Ich kann mechanisch so fortmoduliren, wenn man diess so nennen will, abbrechen und endlich schliessen.

So kindisch diess Beispiel ist, so spottet es doch des ganzen Gene-ralbasswesens.

Was habe ich gewonnen, wenn ich den ersten Accord den Sept-accord von *F dur* nenne, den zweiten den Quartsextaccord von *E moll*, den dritten den Sekundquartsextaccord von *F dur*, den vierten den Sept-accord von *D dur*, den fünften den Quartsextaccord von *Cis moll* etc etc., wenn ich bemerke, dass der Bass unter 5) eigentlich *gis* heissen müsse? Nichts! Ich kann ja schliessen, wann und wo ich will, diese Reihe ist nur dann von Bedeutung, sobald ich eine Einheit walten lasse.

Wenn ich den inneren Zusammenhang dieser verketteten Drei- und Vierklänge betrachte, so stellt sich das Walten unserer 3 Hauptstufen heraus, wie sie unter dem jeweiligen Bass stehen. Ich kann freilich im Sinne dieser Hauptstufen zunächst nach folgenden Tonarten moduliren:

F	*E*	*F*	*D*	*Cis*	*D*:		*H*	*B*	*H*	*As*	*G*	*As*
I				I				I			I	
V	V	IV	V	V	V:		V	V	IV	V	V	V

Wir sehen in dieser Reihe von 12 Accorden 8 Hauptvierklänge V, und 4 Dreiklänge auf der Basis $\frac{I}{V}$. Diese 4 Dreiklänge auf $\frac{I}{V}$ repräsen-tiren unter sich das Quadrat: *E, Cis, B, G*, die übrigen 8 Vierklänge (V) 2 Mal das Quadrat: *F, As, H, D*.

Daraus dürfte unzweifelhaft hervorgehen, dass unsere Urform, wenn auch versteckt, vorwaltet.

Das Quadrat dient in vielen Fällen, zumal bei aufwärtsgehenden Terzverbindungen, als Ableiter verbotener Quinten.

Unter 1) normaler Terzweg durch Schlussfall. Unter 2) 3) da-
zwischengeschobenes Quadrat. Unter 4) die verbotenen Quinten, die
durch 2) und 3) umgangen sind. Analog kann stets der aufwärtsgehende Terzenweg behandelt werden.

Wenn wir oben bemerkt, dass auf die Einheit jedes Quadrat folgen
könne, um dadurch die Verbindung mit 12 Einheiten herzustellen, so
wird diess auch der Fall sein, wenn ich 2 Hauptvierklänge aneinanderkette.

Wir sehen abermals in diesen 12 Möglichkeiten unsere 3 Wege
vertreten.

So gefügig leicht der Quintenweg ist, so leicht und gefällig ist er
auch hier, man vergleiche nur (m) und (n) die Modulation von C I
nach F I oder G I.

Kehre ich den Gang um, so wird aus dem Quartenweg der Quintenweg, und umgekehrt aus dem Quintenweg der Quartenweg hervorgehen.

So sehen wir auch, dass überall die Terzverbindung uns mehr konvenirt als die Sekundverbindung. So herbe die direkte Sekundverbindung auftritt, so wird sie schon durch Schlussfälle gemildert, noch mehr aber durch verkettete Schlussfälle.

Wir sehen in diesen Hauptvierklängen doch nur die beiden Schlussfälle I—V V—I.

Es ist nicht möglich, eine allgemeine Norm aufzustellen, da die Möglichkeiten, durch die Urform des Quadrats und in zweiter Reihe durch den Hauptvierklang (das alterirte Quadrat) zu moduliren, unerschöpflich sind.*) Wir brauchen nur zu bemerken, dass uns volle Freiheit gegeben ist, uns mit unserem Tonmaterial zu gebahren, eine Freiheit, die nur nicht in absolute Ungebundenheit ausarten soll.

Es waltet hiebei ein ästhetisch geläuterter Geschmack als oberstes Gesetz.

Wir haben oben die Hauptvierklänge chromatisch auf einander folgen lassen und zwar in dritter Umkehrung, oder vierter Lage, um den offenbaren Quinten auszuweichen.

Wir durften nicht die dritte Umkehrung *f g h d* wählen, sondern die erste Umkehrung dieser Umkehrung *f h d g*, damit die zufällige Quinte *g-d* in eine zufällige Quarte *d-g* verwandelt werde.

Mit dieser glücklichen Lage ist das Gewissen und das Ohr zufriedengestellt, und die chromatische Folge kann vor sich gehen. Eine andere zufällige Lage wird aus dieser erlaubten Folge eine verbotene machen und zwar blos wegen der zufälligen Quinten.

Nichtsdestoweniger finden sich Beispiele, wo trotzdem Quinten vorkommen.

---

*) Wir verweisen nur auf die verschiedenen Möglichkeiten § 11.

Wenn Herold in seinem „Zampa" diese zufälligen Quinten braucht, (*x*), so muss er wohl einen Grund dafür gehabt haben. Freilich folgen sie sich nicht so rasch, und die Situation lässt ihre Anwendung rechtfertigen.

Ueber die analoge Verwerthung der beiden anderen Quadrate in *C* I auf der Basis I—#IV und V brauchen wir keine weiteren Bemerkungen zu machen. —

b) Der übermässige Dreiklang.

Diese Urform beruht ebenfalls auf unserer Solidarität; ein Prototyp der Mehrdeutigkeit, beweist er mehr als jeder andere das Unzureichende unserer musikalischen Orthographie.

Jeder Ton kann zur Einheit werden durch Herabsetzung je eines Tones zur reinen Quinte, oder V.

Durch den Willen sind wir schon in 6 Einheiten, während der Schritt unter (*x*) der einfachste und natürlichste ist; er wird gar oft als Durchgangsaccord angesehen, zumal wenn der harte Dreiklang vorausgeht. Begreiflich liegen die Schritte unter (*x*) und (*y*) näher, da sie uns in enger Modulation belassen, während uns die anderen weiter führen. Der erste Accord kann füglich als keine Modulation angesehen werden (*m*) in C I. Wir sehen schon unsere dreierlei Wege vertreten. — Wir sehen stets neue absolute Intervalle, neue Kon - und Dissonanzen, wie schon die jeweilige Verdoppelung bearkundet.

Unser Material ist noch nicht erschöpft. Es liegt die Möglichkeit vor, jeden dieser 3 Töne als IV zu betrachten; allein die Schritte werden immer spröder, und können nur durch Vor- oder vielmehr durch Nachhalte etwas gemildert werden.

Alle diese Schritte können durch indirekte Verbindungen wie unter (*s*) gefügiger gemacht werden.

Wir haben bereits 9 Schritte (nach *dur* oder *moll*), die uns mehr oder minder conveniren. Es erübrigen nur noch 3 Schritte: nach *Fis, B, D.*

Wenn schon die Modulation von *C* I nach *Fis* als weiteste gilt, so wird sie mit diesem übermässigen Dreiklange auch nicht besonders wohlklingend erscheinen, wenn sie auch möglich ist. Es gilt jeder Ton als ♯IV.

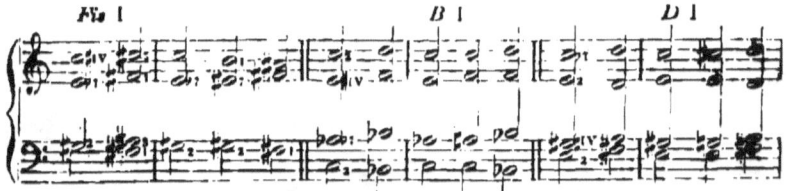

Wir haben sonach die Verwendbarkeit dieser Urform für unsere 12 Einheiten dargethan; dass nicht jeder Schritt gleich wohlklingend sein könne, liegt nach dem bisher Gesagten auf der Hand.

Wie schon der harte Dreiklang in seiner zweiten Lage chromatisch verwendbar ist, wie wir oben gesehen, so auch dieser, und zwar gibt er uns viel Mannigfaltigkeit.

Unter 1) Modulation in die Quarte; unter 2) chromatische Sekundenschritte; unter 3) Terzenweg hinab; unter 4) grosse Terzverbindung.

Die Verdoppelungen sind hier melodischer Natur, nur in diesem Hinblicke sind sie statthaft. Wir haben in den letzten Beispielen diesen übermässigen Dreiklang nicht frei eintreten lassen, sondern stets den harten Dreiklang vorausgeschickt, wie es in der Praxis oft geschieht, um sein Auftreten in seiner Dissonanz etwas zu mildern.

Wir haben sonach durch Verwerthung der 3 Töne dieses Dreiklangs als I, V, IV, ♯IV die solidarische Verwendbarkeit dieses Accords nachgewiesen. Beide Urformen: Quadrat und übermässiger Dreiklang sind somit ein Hauptmittel für unsere weiteste Modulation.

§ 30.

Trugschlüsse.

Jetzt erst, nach Vorausschickung der vorhergehenden Paragrafen, sind wir in den Stand gesetzt, unsere Schlussfälle zu vollenden.

Der Trugschluss (*Inganno*) ist eine Unterart von Schlussfall, und setzt eine unerwartete Modulation in irgend eine entfernte Tonart voraus.

Das Ohr fühlt sich betrogen, es erwartet den Hauptschlussfall zur natürlichen Einheit, und es erfolgt ein anderer unerwarteter Schluss.

Die Trugschlüsse können interessante Modulationsmittel abgeben, offenbar auch missbraucht werden.

Durch unsere Solidarität ist es uns ein Leichtes, die verschiedenartigsten Trugschlüsse aufzufinden, während der Generalbass abermals Verwandtschaftsnachweise herbolen muss.

Wir haben bereits früher nachgewiesen, wie auf einen Hauptvierklang 8 andere Einheiten direkt erfolgen können.

Wir haben somit ausser dem Hauptschlussfall V—I noch 7 Trugschlüsse aufzuweisen, die somit auf unsere 2 Quadrate entfallen auf der Basis I—♯IV und VII—IV, während die 4 Einheiten des Quadrates auf V ausgeschlossen sind, nämlich die Tonarten: *G* I, *B* I, *Des* I, *E* I (*dur* und *moll*).

Obschon unser Wille frei ist in Bezug auf die Wahl von *dur* oder *moll*, so schimmern doch die Urverhältnisse der *U*-Scala durch, die es erklärlich finden lassen, dass weder *A dur* noch *As moll* möglich sind (zunächst), sobald wir in enger Modulation bleiben wollen.

Eben so wenig würde uns zunächst *Es moll* behagen, während uns wie bekannt *H* I, *Fis* I (*dur* oder *moll*) ungleich mehr konvenirt.

Obwohl die verschiedensten Lagen erlaubt sind, so herrschen doch hier zumeist die charakteristischen Stufen VII oder ♯IV im Basse vor, da sie uns zu den Hauptstufen I oder V führen, die weit kräftiger wirken müssen, als andere Stufen.

Wir kommen nur auf unsere früher Bemerkung zurück, dass jede Lage correct, nicht aber jede gleich wirksam sein werde. Wir sehen daher den Bass am liebsten kleine oder grosse Sekundenschritte machen.

·Unter *a*) *b*) *c*) *d*) in *Fis* I die verschiedenen üblichen Lagen, unter *e*) der Ausnahmeschritt in *As* I, wo ♮4 herabgeht nach 3, um die Quinte zu verhüten unter (*x*), die zwar etwas durch die herabgehende 6 gedämpft wird.

Wir hätten somit statt des eigentlichen Hauptschlussfalls V—I folgende aufzuweisen:

$$
\begin{array}{lll}
\text{V—VI} \;=\; a\ \text{I} & (\flat\text{VII—I}) \\[4pt]
\text{V—}\flat\text{VI} \;=\; As\ \text{I} & (\text{VII—I}) \\[4pt]
\text{V—}\sharp\text{IV} \;=\; Fis\ \text{I} & (\flat\text{II—I}) \\[4pt]
\text{V—VII} \;=\; \text{H I} & (\sharp\text{IV—}\tfrac{\text{I}}{\text{V}};\ \flat\text{VI—}\tfrac{\text{I}}{\text{V}}) \\[4pt]
\text{V—IV} \;=\; F\ \text{I} & (\sharp\text{IV—}\tfrac{\text{I}}{\text{V}}) \\[4pt]
\text{V—II} \;=\; d\ \text{I} & (\text{IV—}\tfrac{\text{I}}{\text{V}}) \\[4pt]
\text{V—}\flat\text{III} \;=\; Es\ \text{I} & (\text{VII—I}
\end{array}
$$

somit sind folgende Stufen: (für I auftretend)

V — I: II, ♭III, IV, ♯IV, ♭VI, ᵛ, VII

Wenn wir unsere Schlussfallketten noch mit diesen Trugschlüssen ausstatten, so gewinnen wir abermals ein weit reicheres Material.

Die Schlussfallkette unter 1) ist unter 2) durch diese Trugschluss-
kette eine ganz andere geworden. Wir haben Tonarten nach einander
folgen lassen bei denen der Verwandtschafts-Nachweis kaum aus-
reichen dürfte. *C, des, d, es, e, f* (Sekundenschritte).

Wie verschiedenartige Formen lassen sich nicht hieraus abstrahiren?

Wir dürfen nur mit den anderen Trugschlüssen analog verfahren.

Es dürfte das Gesagte bereits genügen zur Anregung, ohne dass
wir noch näher mit Beispielen auf dieses Thema einzugehen nöthig hätten.

§ 31.

Der Charakter der Umkehrung.

Wir haben bereits früher (§ 21) versprochen, noch einmal auf die
undefinirbaren Umkehrungen (bezüglich ihres Charakters) zurückzukommen.

Wir müssen vorerst die beiderlei Lagen im Allgemeinen unterscheiden. Es gibt nämlich eine Unterlage, (Basslage) und eine Oberlage,
(Diskantlage).

Uns beschäftigt zunächst die Basslage eines Accordes, da von ihr
Namen und Bezifferungen des Generalbasses stammen.

Für uns hat jede Umkehrung nur formellen Werth.

Ausser beiden Lagen kennen wir jedoch noch eine dritte, wir wollen
sie zufällige Lage nennen, da sie bei Umkehrungen eine wichtige
Rolle spielt.

Unter 1) erste Basslage, darüber dreifache Discantlage (Quint-Octav-
Terzlage); unter 2) zweite Basslage, darüber gleichfalls dreifache Oberlage (Discantlage); unter 3) dritte Basslage mit ebenfalls dreifacher
Oberlage; unter 4) die zufällige Lage der ersten Basslage; sie re-
ducirt sich auf die dreifache Oberlage, ist demnach bald eine enge

oder zerstreute Lage. Jede Lage kann in Hinsicht der 7 möglichen Octaven unserer Tonwelt ausserdem noch eine hohe, mittlere und tiefe Lage sein.

In diesem Sinne dürfen wir diese verschiedenen Lagen mit dem Namen: zufällig bezeichnen.

. Wenn diese verschiedene Lage immerhin uns eine zufällige ist, so dürfte es doch für den ersten Anblick auffallen, dass uns die übrigen Basslagen auch noch zufällige sind und sein müssen vermöge unseres absoluten Intervalls. Sofern nun zwischen den zufälligen Lagen ein formeller Unterschied obwaltet, wird es abermals der Fall sein zwischen den verschiedenen Basslagen: wenn auch kein wesentlicher Unterschied herrscht, so wird doch die Form von besonderer Bedeutung sein vermöge der verschiedenen Ausdrucksfähigkeit jeder einzelnen Basslage.

Wir können aus der Praxis die verschiedene Ausdrucksfähigkeit jeder Lage entnehmen. Die Einheit im Basse, ein Bild der Entschiedenheit, Festigkeit, der Ruhe, verliert diesen Charakter in der zweiten Basslage, um in der dritten abermals einen neuen undefinirbaren Charakter anzunehmen.

So sind die verschiedenen Umkehrungen eines Haupt- oder sonstigen Vierklangs ebenso von verschiedenem undefinirbarem Charakter.

Wir wissen bereits, dass jede Bass-Lage eines Vierklangs, die zu einer Hauptstufe der Einheit führt, von entschiedenerem, prägnanterem Ausdruck ist, als eine andere, die nicht dahin führt. Trotzdem würde in der Modulation nur zu bald Monotonie herrschen, wenn stets eine Lage vorherrschte, deshalb ist eine glückliche Mischung nothwendig. Von je sah man stets auf die Sprache des Basses, dass seine Melodie gehörig hervortretend gezeichnet wurde.

Wenn nun im Hauptschlussfall V—I der Bass diese Stufen zu besetzen hat, so wird es einleuchten, dass überall, wo der Bass andere Stufen inne hat, ein anderer Ausdruck gewonnen werden muss. Wenn der Bass auf diesen Stufen stets einen Gedanken zum Abschluss bringt, so bringt er auf anderen Stufen blos Absätze, Einschnitte, vergleichbar den Interpunktionen der Sprache.

Analog ist aber auch die Oberlage beschaffen. Die Einheit in der Oberlage wird einen entschiedeneren Effect machen als die Terz oder Quint daselbst. So macht die Quinte einen eigenthümlich feierlichen

Eindruck am Schlusse einer Periode, wogegen die Terz fast idyl-
lisch klingt.

Viele deutsche Volkslieder haben diesen gemüthlichen Terzschluss.
Es muss zum vollkommenen Ganzschluss unten wie oben die Einheit
die Grenze bilden; wo bei der Einheit im Basse in der Oberlage die
Terz eintritt oder die Quinte, ist der Schluss nur ein unvollkommener
zu nennen.

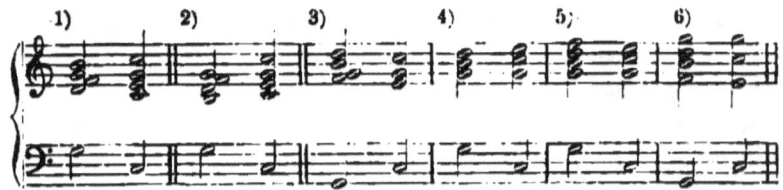

Unter 1) 2) vollkommene Ganzschlüsse, unter 3) 4) 5) 6) unvollkommene Ganzschlüsse bei sonst schlussfallmässigem Bass: V—I.

Bei veränderter Basslage werden die vollkommenen Ganzschlüsse
(1, 2) abermals zu unvollkommenen, analog denen unter 3) 4) 5) 6).

Diese letzteren werden wieder als solche neu modifizirt bei veränderter Basslage.

So sehr sich alle diese verschiedenen Schlüsse formell verschieden
zeigen, so wenig sind sie es ihrem Wesen nach. Uns kümmert vor
der Hand nur das Letztere. Die Formenlehre basirt ja ausserdem
noch auf Rhythmus und Melodie, während uns hier blos die Harmonie
beschäftigt.

Betrachten wir die Schlussfälle der engen Modulation, und zwar
bei Vierklängen in der ersten Umkehrung oder in der zweiten Lage,
so ist der Effekt ein ins Ohr fallender, da der Bass den Leiteton der
Einheit oder Sondereinheit besetzt.

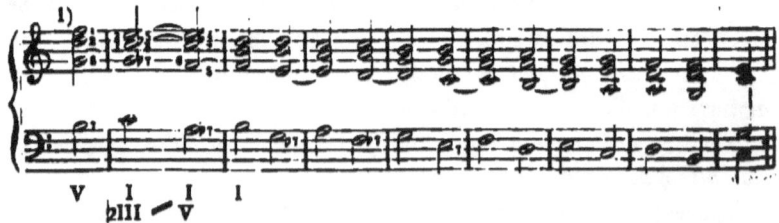

Andere Umkehrungen werden wieder ein anderes formelles Gepräge tragen.

Unter 1) die erste Umkehrung des Schlussfalls V—I, es kommt die zufällige Terz, d. i. unsere VII, an die Reihe; unter 2) tritt die zweite Umkehrung oder dritte Basslage auf, mit der zufälligen Quint, d. i. mit der absoluten Sekunde des Schlussfalls; unter 3) erscheint die dritte Umkehrung oder vierte Basslage des Schlussfalls V—I, es kommt die IV an die Reihe. Wir brauchen nicht zu wiederholen, dass diese äussere zufällige Form das Wesen unserer Intervalle nicht im Mindesten verändert.

§ 32.

Modifizirte Schlussfälle.

A. Die Basis I—♯IV (I—IV).

Die Bedeutsamkeit der 3 Hauptstufen ist uns bereits oft genug entgegengetreten. Sie machen sich im zusammengesetzten Ganzschluss geltend.

Die 3 Hauptstufen I—IV—V bilden ein Ganzes.

Unter 1) Plagalschluss; unter 2) Hauptschluss; unter 3) 4) zusammengesetzter Ganzschluss.

Unter (x) macht sich bereits ein neuer Vierklang geltend, der beliebte Quintsextaccord des Generalbasses.

Diesen so oft vorkommenden Accord könnte man den charakteristischen Hauptvierklang der IV. Stufe nennen, wie wir ja auch einen Hauptvierklang der V. Stufe kennen. Es dominirt bei ihm die Basis I—IV, allein er ruht am liebsten auf IV. Eine andere Umkehrung wird einen anderen Ausdruck haben.

Wir brauchen nur auf die §§ 2, 4, 5 (des II. Theils) zu verweisen, um auf die verschiedenen Formen aufmerksam zu machen, die alle als Schlussfall-Modifizirungen angesehen werden müssen.

Wir brauchen deshalb keine weiteren Worte zu verlieren.

Derlei Modificationen treten entweder für den Dreiklang der IV. Stufe, oder nach demselben auf, so dass dadurch eine verlängerte Cadenz entsteht.

Unter 1) (m) auf der Basis I—IV (I—♯IV) ein modifizirter Schlussfall, um ein Moment verlängert. (Der $\frac{6}{5}$ Accord des Generalbasses von G dur); unter 2) (n) ein modifizirter Schlussfall durch das Quadrat auf der Basis I—♯IV (der verminderte Septaccord des Generalbasses fis a c es); unter 3) (x) modifizirter Schlussfall auf derselben Basis mit alterirtem Quadrate.

(Der Septaccord des Generalbasses von *Des dur* (*as, c, es, ges*) mehrdeutig verwendet.)

Unter 1) eine um 3 Momente verlängerte Cadenz, ebenso unter 2); unter 3) um ein Moment verlängert.

In diesen zusammengesetzten Ganzschlüssen nebst deren Modificationen dominirt die Schlusseinheit dergestalt, dass wir gar nicht an Sondereinheiten zu denken brauchen, sondern *a priori* die Schlusseinheit im Auge behalten dürfen, ohne an Stufentausch zu denken.

Es gibt blos e i n e n solchen zusammengesetzten Schlussfall für *C I dur* oder *moll*, ausserdem aber noch einen analogen für *A moll*, dann werden die Stufen VI—II III als I IV—V anzutreten haben

Zu diesem Ende muss der Scheinschluss auf dieser III. Stufe schlussfallmässig hergestellt werden, der Dreiklang muss ein harter werden, oder mit anderen Worten: Die Septe *g* muss als Leiteton zur grossen Septe *gis* gemacht werden.

Unter 1) zusammengesetzter Ganzschluss für *A moll*, wir brauchen uns nur die Einheit *A* I vorzustellen, (die ja *dur* oder *moll* sein kann) und wir werden finden, dass das Quadrat unter (*x*) dasselbe ist wie für *C* I; auf der Basis I—♯IV heisst dieses

in *C* I: C,   dis,   fis,   a

            I   ♯2   ♯4   6

in *A* I: (♭3)

         A,   C,   dis,   fis.

Davon schon dürfte sich die Verwandtschaft von *C dur* mit *a moll* herschreiben. Bei aufrechtgehaltener Basis I—♯IV: *A—dis*, treffen die Alterirungen jetzt die Intervalle:

♯2, — 6:   C — fis.

Diess sei nur nebenher bemerkt.

Allein die Schlussverlängerung kann nicht allein durch den einen Weg (den Schlussfallweg) hergestellt werden, die beiden anderen Wege können ihn ebenfalls bewerkstelligen: der Terzen- und der Sekundenweg.

Die Terzenverbindungen dienen als Brücke zu den Hauptstufen, wir haben nicht nöthig, sie als Sondereinheiten zu fühlen, da *a priori* die Einheit herrscht.

Unter 1) herabgehende Terzverbindung; unter 2) hinaufgehende; unter 3) Sekundverbindung ohne sondereinheitliche Eigenschaft, ebenfalls als Brücke dienend.

Diese 3 Wege sowie die verschiedenen Drei- und Vierklangsnormen unserer Basis I—♯IV (I—IV) geben uns eine reiche Auswahl aller nur erdenklichen Modificationen und Schlussverlängerungen.

Obschon die Einheit dominirt, herrscht doch die Hauptstufe IV oder ♯IV, d. h. alle möglichen Accorde ruhen auf dieser Stufe, während die Einheit oder ein anderes Intervall im Basse uns nur höchst matte Schlussfälle geben würden.

Es wird wohl Niemand einfallen, diese Art Schlussfälle uncorrect zu nennen, allein sie machen einen Effekt auf uns, als wären sie gar keine Schlussfälle. Nichtsdestoweniger lassen sie doch noch eine praktische Verwendung zu.

Es ist Sache des Tonsetzers, von jeder Form den rechten Gebrauch zu machen.

Diese wenigen Beispiele mögen hinreichend sein zur Anregung und Weiterbildung.

§ 33.

Fortsetzung.

B. Die Basis: VII—IV.

Wenn die frühere Basis uns eine Fülle von Formen gibt, in denen die IV. Stufe dem Hauptschlusse V—I zueilt, so haben wir doch laut § 3 auf der Basis VII—IV eine ebenso grosse Auswahl von Drei- und

Vierklängen, die alle statt des Dreiklanges oder Hauptvierklangs auf V
eintreten können.

Alle diese Formen sind jedoch nicht zu einem Ganzschluss geeignet,
sie sind vielmehr Abarten, Nuancen, geeignet für Abschnitte, und als
solche haben sie die Aufgabe, durch ihr verschiedenes Kolorit die absolute Nüchternheit und Bestimmtheit des Ganzschlusses zu ersetzen,
durch ihren eigenthümlichen Charakter die verschiedenen Gedankenab-
schnitte reicher zu gestalten.

Im Hinblick auf unsere Basis VII—IV, auf die Urform des Quadrats und unseren Hauptvierklang kümmern uns die verschiedenen Namen dieser Alterirungen gar nichts. Wenn wir ihnen oben auch gar
keinen Namen gegeben hätten, so wissen wir ja doch, wie weit sie
entweder von der Urform des Quadrats oder der ebenso geläufigen
Form des Hauptvierklangs abweichen. Der Name ist sonach das We-
nigste, worauf wir zu achten haben, wir legen desshalb auch kein Gewicht darauf.

Nach unserer Gruppirung (§ 3) wäre sonach der Vierklang unter
1) der doppeltkleine Vierklang; unter 2) der übermässige, der Gegensatz des vorigen; unter 3) das Quadrat; unter 4) der hartkleine Vierklang; unter 5) der kleine Vierklang von *Ges* I mehrdeutig verwendet
für *C* I; unter 6) der Hauptvierklang von *Ges* I mehrdeutig verwerthet; unter 7) der Hauptvierklang von *C* I.

Alle diese Alterirungen unserer Urform geben uns die verschiedenartigsten Schattirungen; es sind gewissermassen verschiedene Kristal-
lisirungsversuche, die stets etwas zu wünschen übrig lassen, uns gleichsam reizen, aufregen und spannen, bis endlich die beruhigende Form
des Hauptvierklangs erscheint, um uns geraden Wegs und ohne Rückhalt zu unserer Einheit zu führen.

Die Ausdrucksfähigkeit dieser verschiedenen Formen, zumal in gewissen Lagen, lässt sich kaum definiren.

Jeder Versuch derart müsste misslingen.

Wir überlassen es einer besseren Feder, die Physiognomie dieser verschiedenen Accorde zu beschreiben.

Die Fantasie des einzelnen Tonsetzers greift unbewusst nach den Formen, wie seine innere Stimme es ihm diktirt.

Wir haben blos auf die verschiedenen Formen, wie sie unter § 3 verzeichnet sind, hinzuweisen, mit dem Bemerken, dass derlei modifizirte Schlussfälle nie bei Sondereinheiten vorkommen können, allein geeignet sind zu frappanter Modulation.

§ 34.

Ligatur und Vorhalt.

Diese beiden Ausdrücke werden oft verwechselt, da beide mit dem Bindungszeichen ⌒ versehen sind. Die Ligatur bezieht sich stets auf Stufentausch, wo in irgend einer Accordverbindung des Terzen- oder Schlussfallweges ein oder mehrere Töne ihre Stelle behaupten, und so gleichsam ligirt, gebunden erscheinen. Wir wissen bereits, welch innerer Stufentausch stets bei zufällig liegenden Tönen vorgeht; wir brauchen nur auf das bisher Gesagte zu verweisen.

Etwas Anderes ist der Vorhalt.

Er manifestirt sich eigentlich mehr als Nachhalt, als Rückhalt, als Verzögerung. Ein oder mehrere Töne verzögern ihren Schritt, dadurch entstehen scheinbar neue Accorde, die der gewissenhafte Generalbass auch sogleich mit neuen Namen und Ziffern belegt hat, ein Moment der Verwirrung mehr. So ist der Quartquinten-Accord das Steckenpferd Albrechtsbergers.

Indess ist man seit geraumer Zeit schon von so manchem Unnöthigen zurückgekommen; der letztere Accord ist selbst bei Generalbassisten verfehmt.

Unter 1) einfache Ligatur, *g* 5 ist der Einigungston zwischen beiden Accorden; dem Generalbass freilich ist er erst zufällige Sext zum Basse *H*, um später Quint zu werden.

Unter 2) doppelter Nachhalt, der Eintritt der beiden Töne *d* 2 —*f* 4 ist einen Moment verzögert.

Unter 3) einfacher Nachhalt des *d* 2; unter 4) Nachhalt des Basses; unter 5) ist die Einheit vorgehalten. (Quartquint-Accord des Generalbasses.)

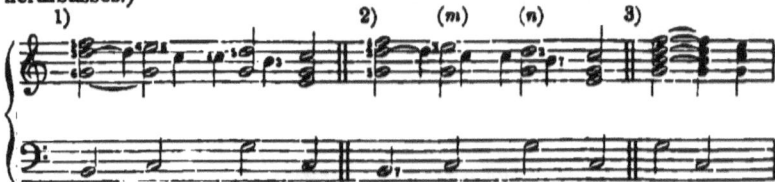

Unter 1) die Zufälligkeits-Bezifferung des Generalbasses; unter 2) unsere natürliche Anschauung durch Vorhalt (*n*) und durch Nachhalt (*m*); unter 3) ruht der Hauptvierklang auf I, oder I ist der Vorhalt geworden, Stufenmischung, Fünfklang.

Aus der falschen Anschauung des Generalbasses hat sich der Grundsatz verbreitet, „jede Dissonanz müsse vorbereitet werden." Wir fühlen, dass Vorhalte oder Nachhalte mehr dissoniren.

Diese Dissonanzen zugegeben sind sie uns jedoch nur zufällige Dissonanzen, Ohrendissonanzen, unser Gefühl verlangt nach der endlichen Auflösung dieser Dissonanzen, und in diesem Sinne hat allerdings der Generalbass Recht, wenn er sagt, „dass ein Vorhalt vorbereitet sein müsse."

. Diess ist aber nicht der Fall bei unseren Dissonanzen, die bekanntlich stets unvorbereitet eintreten.

Diese Vorhalte sind sonach ebenfalls modifizirte Schlussfälle, basirt auf ein melodisches Prinzip, das sich neben der Harmonie geltend zu machen sucht.

Die Vorhalte sind sonach rein formeller, zufälliger Natur, die das innere Wesen der verschiedenen Accorde zu einander nicht aufheben.

Diese Vorhalte spielen bei Sondereinheiten eine grosse Rolle. Ueberall, wo sich der Fortschritt in die gedachte Einheit verzögert, entstehen unsere bekannten Sondervierklänge.

Unter 1) Sondervierklänge der engen Modulation durch Nachhalt; unter 2) Sondervierklänge durch Vorhalt; der letztere Gang wird mehr dissoniren als der erste, durch den Eintritt des dissonirenden ♯4 h) (das noch dazu unvorbereitet auftritt), wird disse Ohrendissonananz noch greller. Diese Schritte können gemildert werden durch Nachschläge, die so mehr als durchgehende Noten erscheinen.

Unter 3) ist durch Nachschlag die zufällige Dissonanz gemildert von 1) wie unter 4) die von 2). —

Obwohl wesentlich dieselben Gänge, ist ihre Verschiedenheit eine formelle, die für den ersten Anblick als wesentlich verschieden erscheint, während diess jedoch nicht der Fall ist. Diess grosse Kapitel

9 *

über Behandlung dieser Vierklänge lässt sich mit unserer Anschauung nach dem bisher Gesagten ganz leicht bemeistern, während der General-bass mit seinen weit hergeholten Regeln über Kon- und Dissonanz Inkonsequenzen begehen muss, die nur zu grösserer Verwirrung aber nicht zur Klarheit führen können.

Obwohl wir uns zunächst nicht mit Melodie und Rhythmus zu be-schäftigen haben, können wir doch nicht unterlassen, die Bemer-kung zu machen, dass diess m e l o d i s c h e Element zunächst in der Harmonie auftritt, um durch den Vorhalt die Harmonie aufzuhalten, während es als d u r c h g e h e n d e Note die Melodie flüssig macht.

Bezüglich des Rhythmus bei Schlussfällen finden wir, dass über-all gewöhnlich die Schlussharmonie V den Auftakt verlangt; es liegt in der Natur der Sache, dass der gute Takttheil, der Niederstreich, dem Schlussfall I zu Theil wird, während das Gegentheil vorkommenden Falls eine besondere Ausdrucksfähigkeit besitzt.

Diese formelle Verschiedenheit ist rein rhythmischer Natur. Wir machen somit die Bemerkung, dass das r h y t h m i s c h e Element in den Schlussfällen sich geltend macht, gerade so wie im Vorhalt das m e l o-dische Element fühlbar ist.

Wir brauchen nur nebenhin die Bemerkung zu machen, dass Har-monie, Melodie, Rhythmus eine gleichberechtigte Dreiheit bilden, die zu vollkommenster Einheit des zu schaffenden Kunstwerkes zusammentritt.

§ 35.

Drei- und zweistimmige Schlussfälle.

Wir haben bisher meist den 4stimmigen Satz vor Augen gehabt; in Vierklängen tritt öfters der 5stimmige, d. h. der 4stimmige mit Verdoppelung der V auf.

Sehen wir, wie sich daraus der 3- und 2stimmige Satz entwickelt.

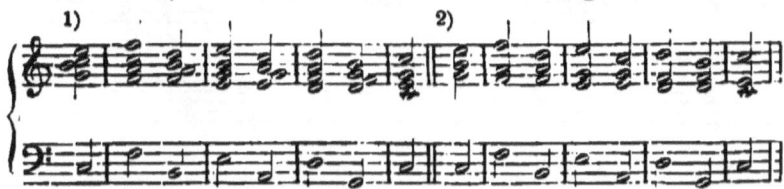

Unter 1) 5stimmiger Satz mit Drei- und Vierklängen; unter 2) 4stimmiger Satz bei nicht verdoppelter V.

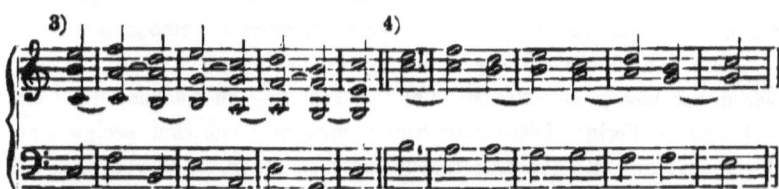

Unter 3) 4stimmiger Satz bei verdoppelter Quinte, und ausgelassener Sekunde; unter 4) 3stimmiger Satz.

Es herrscht die Basis VII—IV vor; bei Vierklängen im vier-, drei- und zweistimmigen Satz darf sie nicht leicht fehlen als charakteristisch nothwendig. Allein uns bleibt die Wahl zur 3ten Stimme beim 3stimmigen Satze, noch unter 4) ist die ligirte Quinte geblieben.

Wir finden jedoch die Quinte ebenso oft als selbstverständlich ausgelassen und dafür die Sekunde gesetzt.

Unter 5) ist die Sekunde substituirt. Im zweistimmigen Satze bleibt uns nur unsere Basis VII—IV übrig (6), unter 7) sind blos Dreiklänge verwendet, darum tritt hier V ein für IV.

Unter 8) sind Vierklänge verwendet, ebenso unter 9), unter 10) fehlerhafte Stimmführung, es fehlt die Terz, unter 11) eine andere Form.

Um den Hauptvierklang 3stimmig zu machen, 5. 7. 2. 4., brauchen wir daher blos 2 auszulassen; um ihn 2stimmig zu machen, bleibt blos VII und IV übrig. Diese zwei Stufen unserer Basis sind geeignet, uns die Einheit und die charakterisirende Terz zu geben, sie führen nach L 3.

Indessen kann es Ausnahmen geben, wo die Terz ausbleibt und die Quinte dafür eintritt, eine künstlerische Licenz, die sich ganz leicht rechtfertigen lässt.

Sobald jedoch im Schlussfall V—I der Vierklang ignorirt wird, tritt V an die Stelle des IV, und wir erhalten somit noch folgende 2stimmige Formen.

Unter 1) (x) ist der Fall, dass V an die Stelle des IV tritt. Unter 2) dagegen ist die Sekunde d der melodische Stellvertreter für VII.

Wir sehen bereits das Auftreten der zufälligen Sexte in der Kadenz statt der Basis, welche doch nur eine zufällige falsche Quinte enthält.

Wollen wir einen melodischen Gang wie die Scala 2stimmig machen, so tritt uns seine Entstehung entgegen in verketteten Vierklängen.

Vergleichen wir das Gesagte unter § 29 mit diesen 2- und 3stimmigen Sätzen, so finden wir diesen Gang zusammengesetzt aus den 2 Mal an einander geketteten Vierklängen eines zusammengesetzten Ganzschlusses I—IV—V—I, der sich für den ersten Anschein gestaltet wie V—I, V I.

Wir sehen aus 1) dem 4stimmigen Satz den 3stimmigen (2), aus diesem den 2stimmigen hervorgehen (3). Der Sekundenschritt von IV nach V, der uns leicht verbotene Quinten und Octaven bringen konnte, ist durch Herstellung einer veränderten Lage praktikabel gemacht.

Es dürfte somit erhellen, dass die einfachsten Terzenschritte schon in dem Schlussfallschema mit einbegriffen sind, obschon es gar nicht den Anschein zu haben scheint. Sie sind mehr melodischer Natur, als die obigen.

Die Terzengänge unter 1) sind für den ersten Anblick nichts Weiteres als unsere Scala mit zufälligen Terzen, allein sie liegt schon in unserem zusammengesetzten Ganzschluss verborgen, ist noch im 3stimmigen Satz vorhanden.

In der Gegenbewegung (2) scheint sich der gedachte Charakter ganz verwischt zu haben, trotzdem diese Gänge praktisch sind.

Wir sehen jedoch noch unter (*x*) unsere Basis, auch eben da unter (*x*) 3) im vierstimmigen Satz. Der Satz unter 4) ist die Umkehrung des 2ten, ist sonach formell verschieden, darum tritt unsere Basis, statt im vorletzten Moment wie bisher unter (*x*) aufzutreten, schon im 2ten auf, während unter (*y*) der Einklang auf *d* erfolgt, der früher im 2ten Moment erschienen war.

Im 4stimmigen Satz unter 3), wo doppelte Terzengänge in Gegenbewegung auftreten, erscheinen folgende Sondervierklänge *h d f a*, *f a h d*, unter (*m*) mit unserer Basis, während nur noch ein Pseudovierklang übrig bleibt *a c g h*, *g h a c*, (*n*), der als absolute Dissonanz nur als durchgehender Accord gedacht werden kann, indem er zu einer befriedigenden Basis schreitet.

Sonach lassen sich die bekannten Sextengänge, wie sie melodisch in der Scala auftreten, zurückführen auf unseren zusammengesetzten Ganzschluss, auf unsere 3 Hauptstufen: I—IV—V.

Unter 1) diatonische Sextengänge; unter 2) dieselben vierstimmig mit erlaubten Quinten, durch Verdoppelung der zufälligen Sexte in der unteren Octave; unter 3) 5stimmiger Satz.

Diese Dreiklänge in 2ter Lage können als zufällige Sextengänge noch melodisch verdoppelt, sonach mehrstimmig gemacht werden, ohne Scheu, verbotene Quinten und Octaven zu machen.

Der Gang unter (x) ist unpraktisch.

Es darf uns deshalb nicht wundern, wenn wir in chromatischen Sextengängen derartige Verdoppelungen antreffen, die nur melodisch sich erklären lassen. Ueber Mehrstimmigkeit haben wir bereits im § 9 das Nöthige gesagt, und darauf hingewiesen.

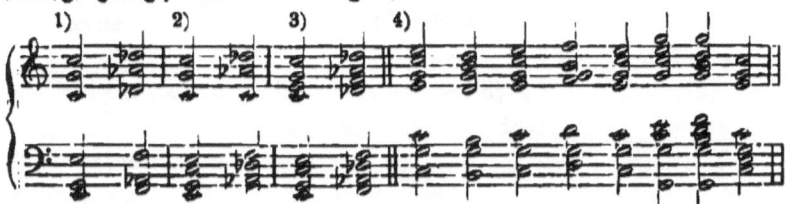

Unter 1) ist der Dreiklang durch melodische Verdoppelung 6stimmig; unter 2) 7stimmig; unter 3) 8stimmig; unter 4) ebenfalls 7stimmige melodische Verdoppelung.

Trotz der Vielstimmigkeit, hervorgerufen durch melodische Verdoppelung, steht jedoch unser Grundsatz aufrecht, dass die gedachte Einheit uns den correcten Schritt aller absoluten Intervalle zeigt, was allein im 4stimmigen Satze klar werden kann.

So ist unter 1) ein anderer Schritt der absoluten Intervalle, als unter 2).

Trotz der Vielstimmigkeit unter 3) haben wir doch keine falschen Schritte gethan; die erhöhte Sekunde und ♯4 schreiten wenn auch ver-doppelt doch nur als melodisch verdoppelte Dissonanzen in Octaven aufwärts.

So sind auch die Schritte unter 4) und 5) zu verstehen. Wir wissen nach Hinweglassung der melodischen Verdoppelung Konsonanzen und Dissonanzen wohl zu unterscheiden, und zwar auf Grund unserer natürlichen Anschauung.

---

§ 36.

Stufenmischung.

Wir haben bereits beim Vorhalt eine Stufenmischung gefunden, sind einem Fünfklang begegnet.

Unser Hauptvierklang auf V ist bereits der erste Anlauf dazu, es tritt IV zu V. Setze ich nun hinzu I, so haben wir bereits einen Fünfklang auf der Basis I.

Allein wir finden auch noch einen Fünfklang auf der Basis V, den sogenannten Nonenaccord des Generalbasses.

Setze ich zu dem Quadrate auf der Basis VII—IV noch die V. Stufe hinzu, so erhalte ich den kleinen Fünfklang auf der Basis V;

setze ich zu dem erweiterten Quadrat, oder dem kleinen Vierklang auf der Basis VII–IV die V. Stufe, so erhalte ich den grossen Fünfklang auf der Basis V. Setze ich zu einem dieser beiden Fünfklänge die Basis I, so erhalte ich den kleinen und grossen Sechsklang.

Unter 1) Hauptvierklang (5stimmig); unter 2) Fünfklang auf I; unter 3) kleiner Fünfklang auf V; unter 4) grosser Fünfklang auf V; unter 5) kleiner Sechsklang auf I; unter 6) grosser Sechsklang auf I.

Der Generalbass nennt den 1sten: Septaccord; den 2ten: Undezimen-accord; den 3ten: kleinen Nonaccord; den 4ten: grossen Nonaccord; den 5ten und 6ten: Terzdezimenaccord.

Wir wissen auch, dass er das einfache Quadrat, unsere Urform, ableitet aus einem Fünfklange.

Derlei Formen können uns weiter keine Schwierigkeiten machen, wir kennen ja das absolute Intervall; nur ihre äussere Form bietet uns manche Schwierigkeit, ihre Umkehrungen.

So wird der Fünfklang auf I nicht in allen Umkehrungen gleich praktisch sein. Seine kaum fühlbare Dissonanz würde unerträglich sein, wollte er in enger Lage auftreten. Wir sind somit bei allen diesen Vielklängen mehr oder minder auf die zerstreute Lage angewiesen. Nicht jede Lage wird uns gleich conveniren.

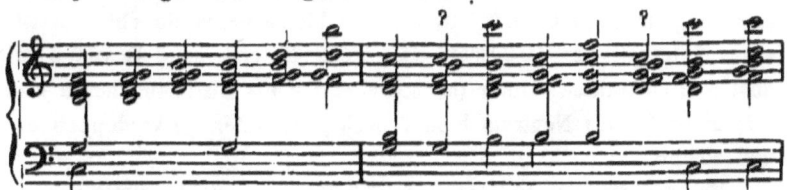

Aus diesen wenigen Umkehrungen sehen wir, wie wir angewie-sen sind, die Einheit nur unten oder oben zu setzen, um den scharfen Dissonanzen auszuweichen.

Die beiden Fünfklänge auf der Basis V sind praktischer, obschon dieser Fall auch unvermeidlich ist; jede Basslage kann 12 Mal combinirt werden.

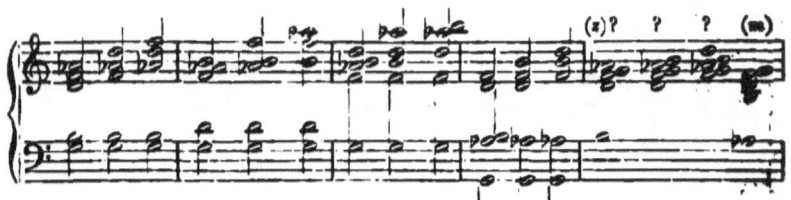

So analog werden die anderen 4 Lagen ebenfalls 12 Mal combinationsfähig sein, allein wir sind abermals auf die zerstreute Lage angewiesen, auch ist es in der Praxis längst constatirt, dass die Basis im Bass liegen müsse.

Die erste Lage wird deshalb stets die vorzüglichste bleiben, und zwar wo die dissonirende absolute Sexte oben liegt.

Unter (z) im vorigen Beispiel sind die engen Lagen unpraktisch; die unter (m) dürfte schon eher anzunehmen sein.

Unter 1) und 2) einige zerstreute Lagen des grossen und kleinen Fünfklangs.

Wir machen die Bemerkung, dass der letztere wie das Quadrat eine Neigung nach *C moll* hat, weil die kleine Sexte ein charakteristisches Intervall der *Moll*-Scala ist. Unter 3) eine enge Basslage mit düsterem Charakter. Unter (x) schreitet *f* 4 als Dissonanz herab nach *e* 3; unter (n) als Neutrum hinauf nach *g* 5; unter (y) verdoppelt auf- und abwärts.

Es wird einleuchten, dass diese Fünfklänge auch 4stimmig gemacht werden können. Wir brauchen nur unsere Basis VII—IV aufrecht zu erhalten, so wie die Basis V und den charakteristischen 5ten Ton; es wird sonach die Sekunde *d* wegfallen müssen.

Diese Fünfklänge sind blos auf V möglich, nicht aber bei Sondereinheiten verwendbar. Allein wir können auf unserer Basis VII—IV
eine Menge anderer Nuancen, die alle als Fünfklänge verwerthet werden können; (wir verweisen desshalb auf § 3), für die neue Namen zu
schaffen Luxus wäre.

Genau besehen konzentrirt sich die ziemliche Anzahl aller dort
aufgezählten Vierklänge auf die obigen 4, die mehr oder minder dis-
sonirend oder mehrdeutig für unsere Einheit zu verwenden sein werden.

Bei den 2 aufgeführten Sechsklängen ist das Nämliche zu beachten
wie bei den Fünfklängen, die beiden Hauptstufen V und I stehen unten im Basse.

Wir sehen, dass ausser den beiden grossen und kleinen Sechsklängen die obigen 4 (laut x) auch noch zu Sechsklängen gestempelt werden können.

Die Anwendung dieser Vielklänge weist uns wie schon gesagt
auf eine geschickte äussere Lage hin, damit die Durchsichtigkeit des
Accords nicht verloren gehe.

Anlässlich dieser Sechsklänge kommen wir noch einmal auf die

Mehrstimmigkeit und Verdoppelungsfähigkeit der einzelnen Intervalle zurück. Sie ergiebt sich von selbst aus diesen Vielklängen.

Die Lage unter 1) ist minder gut als die unter 2) (Quinten!). Die Terz liegt gerne oben, wie unter 2); unter 3) 8stimmiger Sechsklang, unter 4) 10stimmig, es ist die Sexte *a* melodisch verdoppelt; unter 5) 7stimmiger Vierklang, melodische Verdoppelung; unter 6) 9stimmiger Vierklang mit melodischer Verdoppeluug des Leitetones.

Im Orchester wird natürlich eine grössere melodische Verdoppelung Platz greifen können.

Wir bemerken, dass I u. V das erste Anrecht zur Verdoppelung haben, dann erst kommen die anderen Intervalle in melodischer Verdoppelung an die Reihe.

Es dürfte die Frage entstehen, ob es nicht auch Siebenklänge gäbe; die wenn auch vorhandene Möglichkeit dürfte kaum grossen praktischen Nutzen gewähren. Wir brauchten nur schablonenhaft den Dreiklang der Einheit unter den Vierklang der V. Stufe zu setzen oder auf den Fünfklang der V. Stufe die Einheit mit der Terz, und der Siebenklang wäre da.

Unter 1) 2) der Terzdezimenaccord des Generalbasses in schablonenhafter Aufstellung.

Unter 3) in anderer Form; unter 4) abermals in praktischer Form; unter 5) das Quadrat auf I-♯IV mit dem Dreiklang zusammen als Siebenklang; unter 6) seine durchgehende Anwendung bei Franz Schubert.

Im Siebenklange sehen wir unsere ganze Scala als Accord, der seine befriedigende Lösung nur in der Einheit haben kann.

Wenn schon jeder Vierklang dissonirt, um so mehr diese Vielklänge, daher auch ihre sparsame Verwendung und nur in grossen Orchestermassen, wo sie besonderen Effect üben können.

---

§ 37.

Der Orgelpunkt.

Orgelpunkt nennt man eine Reihe von Accorden auf liegendem Basse. Dieser Bass ist entweder I oder V oder beide zusammen. 'Alle seitherigen Accorde bewegen sich in schrankenloser Freiheit scheinbar willkührlich durcheinander, er beweist abermals, dass alle möglichen Accordformen sich auf diese Einheit beziehen können.

Von (x) bis (y) machen sich Sondereinheiten geltend, die unter sich normal fortschreiten, allein sie dienen am Ende doch nur der Einheit, die im Basse unangetastet liegen bleibt, alle Dissonanzen lösen sich ja doch endlich nach dem Gesetze, das von ihr ausströmt.

Bei dieser Gelegenheit müssen im Grunde alle Vierklänge zu Fünfklängen werden.

Wenn wir unser ganzes reiches Material überblicken, so finden wir, dass alle wie immer gearteten Formen sich im Orgelpunkte entweder nach Sondereinheiten ordnen, die am Ende der Einheit untergeordnet sind; oder nach der Ureinheit.

Wir können unsere Disciplin, was den harmonischen Theil unserer Musik betrifft, als geschlossen betrachten.

Melodie und Rhythmus bilden Bestandtheile für sich, auf die wir desshalb nicht einzugehen brauchen, weil da der Generalbass am wenigsten seine Stätte aufgeschlagen hat; ebenso ist auch das ganze Gebiet der Formenlehre etwas für sich Bestehendes, auf welches der Generalbass eben so wenig influirt hat.

Es war uns zunächst darum zu thun, zu beweisen, dass die der Vereinfachung ihrer Disziplinen so sehr bedürftige Musik wirklich auch so einfach sei, wie wir es darzustellen versucht.

Haben wir nur einigermassen unser vorgestecktes Ziel: das Studium der Musik leichter, interessanter und somit allgemeiner zugänglich zu machen, erreicht, dann ist unser heissester Wunsch erfüllt.

Druckfehler.

Seite 10 Zeile 7 von unten, Seite 14 Zeile 1 von unten, Seite 15 Zeile 2 von oben lies statt Sept: Sext.

— 26 auf dem 2. Notenplan zu Fig. 11 muss das erste Beispiel heissen:

— 29 Zeile 1 von unten lies: C I dur oder moll.

— 35 auf dem 2. Notenplan unter 2) muss der vierte Accord heissen:

— 50 soll der Titel heissen: Die Basis I—IV.
— 67 auf dem ersten Notenplan 2. Takt 1. Accord fehlt die Note: as.
— 68 auf dem Notenplan das 4. Beispiel soll statt der Note des die Note d stehen.
— 69 Zeile 8 von oben ist „g oder" wegzulassen.
— 70 auf dem 4. Notenplann beim 2. Beispiel vor (m) fehlt C I; bei dem 3. Beispiel muss h die Ziffer 7, f die Ziffer 4 erhalten.
— 79 muss auf dem 1. Notenplan im Basse die letzte Note statt e C sein.
— 83 auf dem 2. Notenplan unter 4) soll der Bass C und h eine Octave höher gedacht werden, indem sonst verbotene Octaven entstehen.
— 89 auf dem 2. Notenplan unter 2) fehlt der Note d ein ♮; unter dem Basse ebendaselbst muss die Ziffer bVII heissen.
— 93 auf dem 1. Notenplan setze man unter jede I die Ziffer II.
— 95 Zeile 9 von unten lies statt unter 5) (x): 5) (x).
— 111 auf dem 1. Notenplan muss die oberste Note des letzten Accordes statt d e heissen.
— 112 auf dem 2. Notenplan im 3. Beispiel soll der Bass des 3. Accords statt d h sein.
— 113 auf dem 1. Notenplan letztes Beispiel muss statt bV stehen bII.
— 119 Zeile 3 von unten muss die letzte Ziffer statt VI VII heissen.

Druck von Sturm und Koppe (A. Deonhardt) in Leipzig.

www.ingramcontent.com/pod-product-compliance
Lightning Source LLC
Chambersburg PA
CBHW030902050726
47500CB00009B/971